AS
100
PALAVRAS
DA
GASTRONOMIA

Alain Bauer
Laurent Plantier
organizadores

AS
100
PALAVRAS
DA
GASTRONOMIA

© Presses Universitaires de France, 2010
Título original: *Les 100 mots de la gastronomie*

PROSPECÇÃO EDITORIAL Isabel Maria Macedo Alexandre
TRADUÇÃO Maria José Perillo
PREPARAÇÃO DE TEXTO Eloiza Helena Rodrigues
REVISÃO Vanessa Brunchport
CAPA E PROJETO GRÁFICO Pedro Barros / Tikinet Edição Ltda.

Dados Internacionais de Catalogação na Publicação (CIP)
(Câmara Brasileira do Livro, SP, Brasil)

Bauer, Alain e Plantier, Laurent, organizadores
 As 100 palavras da gastronomia ; 100 palavras por 100 chefs, críticos e gastrônomos / Alain Bauer e Laurent Plantier. – São Paulo : Edições Tapioca, 2013.

 Título original: Les 100 mots de la gastronomie

 1. Crítico gastronômico - França 2. Gastronomia - França I. Título.

12-12325 CDD-641.0130207

Índice para catálogo sistemático:
1. Gastronomia   641.0130207

2013
Todos os direitos desta edição reservados a:
Edições Tapioca
Av. Paulista, 1337, cj. 161
01311-200 São Paulo SP Brasil
Tel. 55 11 3522-7744
contato@edicoestapioca.com.br
www.edicoestapioca.com.br

as 100 palavras e seus chefs

abacaxi, por Alain Pégouret 9

agridoce, por Claude Colliot 11

alcachofra, por Guy Savoy 12

ameixa-de-damasco, por Benjamin Toursel 14

armanhaque, por Alain Dutournier 15

assar, por Alain Passard 16

aves, por Georges Blanc 17

azeite, por Franck Cerutti 18

azeitona, por Reine Sammut 21

baeckeoffe, por Marc Haeberlin 22

batata, por Olivier Bellin 25

bistrô, por Laurent Plantier 26

boeuf bourguignon, por Stéphane Duchiron 28

bolo de morango, por Philippe Hardy 30

botrite, por Gérard Margeon 31

bouillabaisse, por Gérald Passédat 34

cabeça de vitela, por Alain Souliac 35

café, por Emmanuel Renaut 37

caldo, por Guillaume Delage 39

carne de boi, por Pascal Feraud 40

champanhe, por Arnaud Lallement 44

chef, por Joël Robuchon 46

chipiron, por Cédric Béchade 47

chocolate, por Bernard Pacaud 48

cogumelos, por Régis Marcon 49

cozimento, por Thierry Schwartz 54

cozinha, por Alain Ducasse 56

enguia, por Éric Guérin 58

entrada, por Christian Constant 59

entremets, por Philippe Gauvreau 60

escargot, por Fatéma Hal 61

Escoffier, por Didier Elena 63

especiarias, por William Ledeuil 64

faisão, por Xavier Isabal 65

far, por Jacques Le Divellec 67

favinhas, por Bruno Cirino 68

figo, por Jacques e Laurent Pourcel 70

fogaça, por Bruno Oger 72

foie gras, por Hélène Darroze 74

frutas cítricas, por Antoine Heerah 75

garbure, por Yves Camdeborde 77

gargouillou, por Michel Bras 78

gastronomia, por Alain Bauer 80

gastrônomo, por Claude Bébéar 82

geleia, por Éric Briffard 83

gosto/paladar, por Marc de Champérard 85

grattons, por Nicolas Le Bec 87

hortulana, por Jean Coussau 89

hure, por Gilles Goujon 90

kouign amann, por Jacques Thorel 92

lagosta, por Antony Clémot 93

legumes, por Benoît Witz 94

lentilhas, por François Gagnaire 96

limão, por Mauro Colagreco 99

Loiseau, por Dominique Loiseau 101

lombo de coelho, por David Van Laer 102

mâchon, por Paul Bocuse 104

maionese, por Julien Dumas 106

Maison Chapel, por Madame Chapel 107

manteiga, por Jean-François Piège 108

massa (pasta), por Davide Bisetto 111

melão, por Lionel Lévy 113

mijoter, por Christophe Moret 114

miúdos, por Thierry Marx 116

molecular, por Pierre Gagnaire 118

molho, por Armand Arnal 119

morille, por Michel Trama 121

mostarda, por Cédric Denaux 122

nougat, por Jean-Marie Baudic 125

ostras, por Christian Le Squer 127

palace, por François Delahaye 129

pão, por Karim Haïdar 131

pato, por Jean-Louis Nomicos 132

petit farci, por Jacques Chibois 133

piano, por Michel Roth 135

pimenta de espelette, por Gilles Choukroun 136

pimenta-do-reino, por Olivier Roellinger 138

polenta, por Massimo Mori 141

rabanete, por David Rathgeber 146

rãs, por Alexandre Gauthier 148

redução, por Antoine Westermann 152

robalo, por Christopher Coutanceau 154

rodovalho, por Éric Frechon 155

sal, por Boris Campanella 156

salmão, por Michel Troisgros 158

salmonete, por Édouard Loubet 160

salvelino, por Laurent Petit 161

sobremesa, por Yves Thuriès 162

sopa, por Laurence Salomon 164

sorvetes, por Fabrice Biasolo 167

suflê, por Frédéric Simonin 168

tablier de sapeur, por Wilfrid Hocquet 170

tartine, por Yannick Delpech 172

tian, por Jacques Maximin 173

timo de vitela, por Yannick Alléno 174

torta, por David Zuddas 176

toucinho ou lardo, por Jean-Paul Abadie 177

trufa, por Michel Chabran 179

tupinambor, por Anne-Sophie Pic 182

vinho, por Nicolas Masse 185

abacaxi

Alain Pégouret
Chef do restaurante Laurent (Paris)

O abacaxi é a promessa de uma viagem.

A primeira viagem foi a que fizeram os europeus ao Novo Mundo, onde descobriram essa fruta que os índios comiam desde sempre. Jean de Léry, em sua obra *Viagem à terra do Brasil*, publicada em 1555, já faz uma descrição dessa planta.

As outras viagens, por vezes imóveis, nos levam a céus ensolarados. Normalmente imaginamos essa fruta servida num terraço do sul da França ou numa praia da Flórida. Suas origens exóticas lhe conferem um poder: o de nos aquecer as papilas e o coração. Sensual, carnal, nós, franceses, o chamamos de *ananas*, termo que contém a palavra *nana*, ou seja, "donzela".

O abacaxi é a festa que faz sonhar, que transporta, por algumas horas, a outro lugar. Seu sabor doce, sutilmente acidulado, faz dele uma fruta perfeita para os coquetéis à base de rum. Piña colada, ponche, rum com frutas: deu vontade de sambar? O abacaxi é, por excelência, a fruta do carnaval.

Já na cozinha, o abacaxi se presta tanto para pratos doces quanto para os salgados... Antes de mais nada, o cozinheiro tem de saber escolhê-lo: nem fibroso, nem azedo, pesado, com folhas verdes brilhantes. Quando maduro, suas folhas são arrancadas com muita facilidade; então, ele parece dizer: "sou todo seu".

Minha preferência é pelo *Vitória*: pequeno, elegante, polpa branca e suculenta e sabor sutil. Como todos os abacaxis, do *Smooth Caienne* ao *pérola*, passando pelo *abacaxi-garrafa*, originário de Guadalupe, ele tem outra grande vantagem: a casca, que aprisiona por longo tempo a vitamina contida no fruto. Servir um abacaxi é, para o cozinheiro, a garantia de levar aos convivas o máximo de benefícios.

Entre o cortar e o cozer, o abacaxi pode ser uma fruta técnica. Fazer dele uma compota perfeita requer habilidade.

Aprecio o seu lado "bomba de especiarias", que combina naturalmente com a baunilha, o cardamomo, o coentro. A meu ver, fica em boa harmonia com o curry.

Sempre cozido para guarnecer pratos salgados, o abacaxi acompanha a carne de porco e a de frango. A bromelina nele contida facilita a digestão das proteínas. Gosto dele com pato. Rodeado de carnes de caças numa mesa festiva, ele pode tornar-se o rei dos assados... O mais importante é apresentá-lo com elegância.

Na sobremesa, ele adora o creme chantili feito em casa ou pode ser conservado e servido à moda antiga, na sua própria calda. O abacaxi torna-se a estrela inesperada quando chega no final da refeição, sem muito aparato, e de surpresa revela em seu centro bolinhas de melão e de melancia, morangos frescos. É o abacaxi surpresa, o abacaxi promessa.

agridoce

Claude Colliot
Chef do restaurante Claude Colliot (Paris)

O YIN E O YANG DA COZINHA

São quatro os sabores fundamentais: o doce, o salgado, o azedo e o amargo. E nós, cozinheiros, temos o culto dos sabores corretos, um cuidado permanente de preservar o gosto original, natural, de cada produto que compõe um prato. O desafio a enfrentar: reconstituir esse gosto sem jamais desnaturá-lo; ao contrário, realçá-lo usando um leque de elementos postos à nossa disposição. É o jogo das associações, de um equilíbrio a encontrar...

O sabor agridoce, quando bem controlado, tem essa particularidade, a de tornar sublimes os pratos. É o encanto dos opostos, o *yin* e o *yang* de nossa cozinha, a correta associação dos sabores ácidos e dos sabores doces, do salgado e do doce.

De um momento para o outro, um molho, um prato podem tornar-se doces demais ou salgados demais, líquidos demais ou espessos demais... É um árduo trabalho de equilibrista a cada vez reiterado.

O segredo reside no ato de provar e perceber de fato as sutilezas que os produtos comportam. Inicialmente, o produto está nu. Existe apenas por sua origem e seu cozimento infalível, sem outros artifícios.

"O número de sabores é infinito, pois todo corpo solúvel tem um sabor especial que difere totalmente de qualquer outro", escrevia Brillat-Savarin... Como um poema em culinária.

alcachofra

Guy Savoy
Chef do Restaurante Guy Savoy (Paris)

A alcachofra é parente do cardo: que bela iniciação para um produto comestível!

Introduzida na França pelos romanos, foi considerada afrodisíaca durante toda a Idade Média. Decididamente, a alcachofra me encanta!

A alcachofra é uma dissimulada. Sob a sua aparência rústica e desengonçada existe uma polpa de consistência delicada e um sabor intenso. Um "não iniciado" não pode adivinhar que cada uma de suas folhas é o esconderijo secreto de um suculento pedaço de polpa.

Quanto ao seu coração – pois a alcachofra é de fato o único legume que tem um coração –, quem não se arrisca, não petisca! A alcachofra é um ouriço que eriça suas folhas pontiagudas e se esconde no feno para se proteger; só os gourmands são bastante espertos para saber comê-lo. Uma vez que, com um pouco de justo orgulho, acredito estar entre eles, a alcachofra é um de meus legumes prediletos. Meus convivas perceberam isso, tanto que colocaram no topo da lista de pratos do meu restaurante a "Sopa de alcachofra com trufa negra, brioche folhado e manteiga trufada".

Quando retorno um pouco à infância, sinto novamente o gosto e a consistência do brioche como primeira lembrança real e consciente de uma coisa *gostosa*; minha mãe, ao saborear minha sopa, revelou-me que, quando eu era bebê, o purê de alcachofra era o meu preferido!

Quando considero aquilo que minhas primeiras sensações gustativas finalmente produziram como associação culinária, chego à conclusão de que, decididamente, as mães são insubstituíveis!

ameixa-de-damasco

Benjamin Toursel
Chef do restaurante L'Auberge du Prieuré (Moirax)

Gosto da ameixa-de-damasco no pé. Antes de trabalhar no Lot-et-Garonne, eu já ia lá nas férias. Colhia as ameixas para comê-las assim, ao natural.

E aquela fabulosa aguardente que só conheci mais tarde, já adulto. Mesmo assim, é uma recordação da infância: ver os meus pais e avós beberem o digestivo perfumado. Ainda sinto nas narinas o seu odor delicioso.

Foi provavelmente um alsaciano que trouxe a ameixa-de-damasco para a França. Seu gracioso nome em francês, *quetsche*, teria vido do alemão *Zwetschke*, alteração do grego antigo *damaskênon*: a ameixa de Damasco. Tão familiar, e no entanto vinda de tão longe!

Deve ser colhida já madura, entre setembro e outubro. Sua cor é azulada, quase preta. Quando aberta, a polpa amarelo-alaranjada contrasta com a casca escura.

Gosto dessa fruta, pois ela é naturalmente ácida, bem equilibrada, não muito doce.

Quando preparo uma fruta, faço-o com muito cuidado. Procuro encontrar a consistência e o equilíbrio natural entre o doce e o ácido. Não há razão para concentrar o açúcar, para transformar fruta em purê... Na maioria dos casos, fracassamos.

No entanto, às vezes também cozinho a ameixa-de-damasco. Escolho uma que não esteja madura demais, que tenha uma acidez natural. Só amornada, com pimentão grelhado e pasta de cacau, ela acompanha maravilhosamente o pombo. O sabor defumado do pimentão, o amargo do cacau e a acidez da ameixa se casam perfeitamente.

armanhaque

Alain Dutournier
Chef do restaurante Le Carré des Feuillants (Paris)

O armanhaque provém do Bas Armagnac, região de encantadoras aldeias situadas no planalto arenoso das Landes francesas. É o fruto do vinho destilado simplesmente, uma só vez, sem a mínima redução do teor alcoólico. Na fase da *branca* aguardente, ele nos oferece a trufa, a pera, o cravo-da-índia, as flores do pilriteiro. Com a cumplicidade do barril de carvalho rosa, torna-se uma grande aguardente: coloração pálida, lembrando o topázio dos vinhos de Sauternes, aroma de madeira frutífera, pralina, especiarias raras, notas de cacau, botões de violeta e fundo de madeira... Na boca, uma elegante violência e um lado cambiante.

O armanhaque escolhido deve ser compartilhado, se possível diante de uma lareira. Ele continua a ser a bebida confidencial dos fidalgos, mosqueteiros e pessoas de honra.

assar

Alain Passard
Chef do restaurante L'Arpège (Paris)

Assar é uma escola, escola do fogo e da modéstia. Cozinhar é um investimento, daí o surgimento do precioso rôtisseur. Adoro aquele momento em que o cozinheiro vai aprender a domar a chama, amansar seu vigor, captar sua força com a ponta dos dedos, a fim de calcular sua intensidade e evitar que o produto se queime.

Assar é toda uma arte e, entre os cinco sentidos, a vista é determinante na sua prática: é ela que vai calcular o tempo de cozimento em relação a um volume. Assar um produto, seja peixe, ave ou legume, é dar-lhe um realce, uma matéria, uma cor, uma forma e uma textura por meio da chama. Assar, para mim, é esculpir uma massa: como o escultor, o cozinheiro trabalha e modela o seu produto.

Tenho particular predileção pela cozinha com forno a lenha, sem termostato, na qual o instinto e a mão do cozinheiro vão fazer a diferença... saber lidar com a porta do forno para acelerar ou retardar uma cocção, saber virar a assadeira no momento certo, a fim de controlá-la e obter um *degradé* de cozimento homogêneo. E, principalmente, chegar a perceber as nuances do crepitar do fogo, que irão nos dar indicações sobre a sua temperatura.

Meu maior prazer é assar na lareira, com uma seleção de madeiras de árvores frutíferas, na qual a chama envolve o produto. Amo aquele lado lúdico e cheio de lirismo, quando o rôtisseur tem de encontrar o espaço ideal entre o produto e o fogo, de modo a jamais agredir, mas sim acariciar o tecido.

aves

Georges Blanc
Chef do restaurante Georges Blanc (Vonnas)

No século XIX, Brillat-Savarin, célebre gastrônomo francês, escreveu: "As aves são para a cozinha o que a tela é para a pintura [...] são servidas guisadas, assadas, fritas, quentes ou frias, inteiras ou em partes, com ou sem molho, desossadas, sem pele, recheadas, e sempre com igual sucesso..."

Os produtos do galinheiro, ricos em diversidade, são usados há muito tempo na cozinha. Foi preciso esperar a Idade do Bronze para que a ave aparecesse entre os animais criados pelo homem para garantir uma reserva alimentar e paliar as incertezas da caça. Esse gênero de ave é a galinha, que se supõe ser de origem oriental; sabe-se que ela já era domesticada na Índia durante a Pré-história. No período galo-romano, parece que os gansos eram tão reputados quanto as cebolas, especialmente no que se refere aos presuntos franceses. Nessa época, o galinheiro fornecia principalmente *galinhas*, *gansos* e *pavões*.

Muito mais recentemente, o cozinheiro que sou se engajou na defesa e na promoção dos bons produtos específicos da sua região. Filho da Bresse, onde meus antepassados camponeses cultivavam a terra e criavam essas aves que ainda fazem a fama da nossa terra e constituem uma de suas riquezas gastronômicas, aceitei com orgulho, por solicitação dos criadores bressenses, presidir à sua denominação de origem obtida em 1957, o ponto máximo entre os selos de qualidade, à semelhança dos melhores vinhedos.

Não se deve jamais esquecer de que, nas aves, tudo é bom, e que é possível compor menus interessantes com esse tema, pois nunca nos cansamos de uma ave excelente: do simples *frango* ou *franga gorda*, ao *capão*, mais festivo, sem falar de *peru*, *galinha-d'angola*, *pato* ou *pombo*. Na alimentação atual, o aspecto dietético é muito levado em consideração: as aves, mais do que outras carnes, satisfazem a essa preocupação.

azeite

Franck Cerutti
Chef do restaurante Le Louis XV (Mônaco)

Em primeiro lugar, existe a oliveira (*Olea europea*), árvore vigorosa, dona de uma longevidade milenar. Quase imortal, como diz um velho provérbio provençal, "Aos cem anos, a oliveira é ainda uma criança", pois de sua *gourgue* (parte do tronco rente ao solo) sempre surgiam novos brotos. É muito bem adaptada ao clima mediterrâneo e mais ou menos resistente ao gelo, conforme a variedade.

Minha preferência é pela *cailletier*, principal variedade dos Alpes-Marítimos (França), também chamada *taggiasche* na Ligúria (Itália), onde representa a quase totalidade das oliveiras cultivadas. Colhidas em novembro no litoral e até o final de fevereiro nas zonas-limite de cultura (700 m), as azeitonas apanhadas na maturação, no início da estação, dão um azeite de sabor mais penetrante. Se colhidas pretas, no final da temporada, o azeite será mais doce.

Gosto de todas as variedades de azeite produzidas de azeitonas saudavelmente cultivadas e levadas ao lagar logo depois de apanhadas. Cada um tem seu sabor, cada um expressa o seu terroir.

Indispensável na condimentação, o azeite é realçado – e não assassinado – por três gotas de vinagre ou limão, um pouco de sal e pimenta-do-reino. Há que mencionar precisamente que alguns azeites de sabor penetrante bastam, por si só, para "condir", ou temperar, seja lou pan bagnat, tradicional sanduíche da região de Nice, seja uma salada de tomates (deve-se esfregar previamente a saladeira com meio dente de alho), seja um miolo de aipo bem branco, ou então batatas mornas com algumas lâminas de trufa negra e um pouquinho de anchovas trituradas, ou uma salada verde mista e ervas silvestres amargas, ou feijão-branco fresco, servido morno e acompanhado de ventresca de atum ou de polvos de rocha, ou simples brotos de alface, para não falar de todas essas verduras cruas servidas com anchovas e alho triturados.

Ao fogo, o azeite é usado para dourar os alimentos na panela antes de colocarmos uma noz de manteiga, pois ambos se complementam otimamente e fixam os sabores. Também o encontramos na aigo-boulido, sopa de alho provençal que revigora, na odorante sopa de pesto, que se degusta quente, morna ou fria nas noites de verão (mas, por favor, não a deixe na geladeira). Para a sopa preparada com peixes de fundo rochoso, refoga-se, em abundante azeite, a cebola, a cabeça de alho cortada ao meio, os rascaços, os peixes-reis ainda vivos com os tomates. Na brandade, o bacalhau se liga com a batata e o azeite, e o que seriam a pissaladière niçoise e o cozido sem ele? O azeite é usado para untar os pernis de carneiro e as aves num espeto diante de um fogo à lenha, de um braseiro. Enfim, o que dizer dos espaguetes alho e óleo dos napolitanos e do azeite, queijo e pimenta dos toscanos, ou da bomba de óleo de Grasse? Toda a bacia mediterrânea, berço de nossa civilização, é a sua terra de eleição. Vocês compreenderão, o azeite é de azeitonas e é *indispensável* na minha cozinha. Caros leitores, desejo-lhes uma grande satisfação na cozinha e à mesa.

azeitona

Reine Sammut
Chef do restaurante L'Auberge La Fenière (Lourmarin)

Fruto da oliveira e, por excelência, fruto da região mediterrânea. É colhida, desde a noite dos tempos, entre novembro e fevereiro, para lhe extraírem o ouro, a primeira pressão a frio: o divino azeite.

Da Espanha à Grécia, do Líbano ao Marrocos, é possível viajar com uma colher na mão, degustando o frutado da Arbequina espanhola, o verde-alcachofra da Toscana, o raçudo da Tunísia, o de suave redondez da Kalamata grega, todos esses elixires que inspiraram o meu menu "Com azeites de oliva": ravióli de santola, velouté espumoso e fatias de pão com molho rouille com coral de ouriço-do-mar, azeite da Espanha; torta fina de sardinha com fondue de cebolas doces, molho de alevinos de anchova, azeite de Portugal; lombo de coelho com queijo feta com ervas, nhoque ao molho, azeite de Creta...

Mas existe algo melhor que um pedaço de pão rústico embebido em azeite e salpicado com uma pitada de flor de sal? "Faire le quichet" – como dizem os provençais –, é pura alegria!

baeckeoffe

Marc Haeberlin
Chef do restaurante L'Auberge de l'Ill (Illhaeusern)

É um prato antiquíssimo, uma espécie de tigelada geralmente composta de três carnes (de cordeiro, bovina e suína) marinadas em vinho branco seco, e de batatas, alho-poró e cebola. É cozido no forno durante de 3 a 4 horas, numa terrina específica de Soufflenheim, feita de terracota, decorada e envernizada e vedada com massa.

Nos seus primórdios, era cozido no forno do padeiro da aldeia, o que lhe deu a denominação de "Baeckaoffe", que em alsaciano significa "forno do padeiro".

Era um prato da segunda-feira (dia de lavar roupa): todas as mulheres levavam sua terrina para cozer de manhã bem cedo e passavam para pegá-la por volta do meio-dia, a fim de servir uma refeição quente em casa. Essa é a razão por que as terrinas, além de serem decoradas, traziam as iniciais dos nomes da família, a fim de que cada uma pudesse reconhecer a sua.

Eram vedadas com massa, primeiro para evitar a perda do vapor e do sabor; em segundo lugar, para que ninguém viesse servir-se ou verificar a quantidade de carne de cada uma.

Baeckeoffe

(receita de Marc Haeberlin apresentada em *L'Alsace gourmande*, Albin Michel, 1995)

Para que este prato fique perfeito, é indispensável ter a famosa terrina de terracota de Soufflenheim, especialmente criada para ele.

Serve de 8 a 10 pessoas

Ingredientes

400 g de paleta de cordeiro desossada e sem gordura

400 g de pescoço de porco desossado e sem gordura

400 g de paleta bovina

3 rabos de porco

2 pés de porco

1,5 kg de batatas

4 talos de alho-poró

1 garrafa de vinho branco *riesling*

1 dente de alho

3 cebolas grandes

ramos de salsinha

1 ramo de tomilho

1 folha de louro

25 g de manteiga

sal e pimenta-do-reino

Para vedar a terrina:

200 g de farinha de trigo

4 colheres de sopa de óleo

Modo de preparo

Descasque e pique as cebolas. Corte as carnes em cubos de 3 a 4 cm de lado e coloque-as em uma saladeira grande com as cebolas, o dente de alho inteiro sem pele, o tomilho, o louro e os ramos de salsinha. Adicione o sal e a pimenta-do-reino.

Adicione o vinho, misture e deixe marinar durante a noite toda.

No dia seguinte, aqueça o forno a 175 °C (termostato 5). Descasque as batatas, lave-as e corte em fatias de 3 a 4 mm de espessura. Tempere-as com sal e pimenta-do-reino. Lave e pique grosseiramente o alho-poró.

Disponha em camadas alternadas na terrina: batata, alho-poró e as carnes misturadas e escorridas. Continue assim, terminando pelas batatas e aperte-as bem.

Prepare a massa para vedar a terrina: misture a farinha e o óleo, acrescentado um pouco de água para que a massa fique macia e homogênea. Distribua essa massa em todo o contorno da terrina, depois coloque a tampa untada com manteiga por dentro, apertando bem para fazer a massa aderir.

Leve a terrina ao forno e deixe cozer durante 4 horas.

Quando o Baeckeoffe estiver cozido, leve-o à mesa na própria terrina e sirva-o quente, com uma salada da época.

batata

Olivier Bellin
Chef do restaurante L'Auberge des Glazicks (Plomodiern)

Voltam-me à memória as fritas da escola primária. Cortadas e depois mergulhadas no óleo quente pela irmã Marie-Cécile antes de serem servidas quentes e crocantes, eram a guloseima da cantina.

Hoje em dia, gosto da batata com molho de frango, ou, da maneira mais simples do mundo, cozidas com a pele, com um naco de manteiga salgada bretã.

Cozidas apenas em água, transformada no indefectível purê com molho de tomate, em bolinho revigorante ou em crepes de massa muito fina, a batata tem sempre aquela capacidade incomparável de reconfortar. Penso naquele parmentier que preparamos com amor ao voltar de uma longa viagem ao exterior, como um retorno aos sabores familiares. Há também aquela batata gostosa, molhada num catchup picante: um pequeno prazer que podemos nos proporcionar nos quatro cantos do mundo.

Isso porque a batata – muito antes da padronização do gosto encarnado justamente pelo catchup – é universal. Da Índia aos Estados Unidos, passando pelo Peru, seu berço, a batata está presente em todos os países!

Pequena, grande, amarela, roxa, com perfume sutil ou bem ativo, cheia de curvas ou esguia, cada batata, a exemplo dos homens, tem seu físico, sua personalidade.

Verdadeira parceira da humanidade, soube fazer-se presente em momentos cruciais, como as guerras, para nos alimentar. Salvou-nos da fome por mais de uma vez...

Hoje, essa bela senhora, à qual dedico o maior respeito, apresenta-se em prato único. Pode associar-se, quente ou fria, aos mais belos produtos, como uma ave de Bresse ou, então, a um rodovalho. Ela se revela também em criações, como um sorvete de batata.

Depois de séculos de história e de gastronomia que ajudou a escrever, a batata continua tão moderna quanto indispensável... E, eu, sem batata, não seria um cozinheiro digno desse nome!

bistrô

Laurent Plantier
Diretor-geral da Alain Ducasse Entreprise

A palavra é generosa como uma blanquette de vitela, prazerosa como um copo de Beaujolais. O bistrô é um concentrado de bom humor. É o cognome afetuoso dado àquele restaurante da esquina que temos por hábito frequentar. Quando sabemos ver a vida pelo lado bom, isto é, pelo lado alegre, mantemos, evidentemente, alguns endereços em nosso caderno, na página dos "amigos". Fica bem perto, basta empurrar a porta e olhar no quadro para quais quenelles e qual fígado de vitela o dono dirigiu a sua fantasia do dia.

Porque não há bistrô sem o dono no comando da cozinha – aliás, felizmente, nem sem a dona. Quando vamos a um bistrô, é para o bistrô de alguém específico, dele ou dela. Ali, conhecemos umas pessoas ásperas no trato e outras gentis, taciturnas e joviais, jovens no início do hábito e velhos que já frequentaram muitos bistrôs e, não raro, os maiores. Pouco importa.

Eles têm uma incumbência e sabem disso: perpetuar uma tradição tão velha como o precursor Boulanger, também chamado Champ d'Oiseaux, e decerto, muito mais. [Atribui-se a Boulanger, a criação, em 1765, do restaurante como conhecemos hoje.] Dedicam-se a isso com um entusiasmo contagiante. Na cidade, espalham bravamente seus gracejos pelos quatro cantos. Os bistrôs parisienses e seus parentes de Lyon, ditos "bouchons", criam êmulos por toda parte. Nas aldeias, os bistrôs florescem e, por vezes, sem qualquer pretensão, lhes trazem nova vida.

Tal sucesso deu até origem a uma nova palavra: a *bistronomia*, ou seja, a gastronomia versão bistrô. E o termo é bem fundamentado, uma vez que rima com "bonomia". Com seu balcão de zinco, cadeiras Thonet e belas toalhas muito bem passadas, os bistrôs estão bastante disseminados. Eles flertam, sem a menor cerimônia, com todas as capitais. Quer de propriedade de um chef francês desgarrado, quer de um autóctone francófilo, são eles os arautos de nossa amada cozinha, desmentindo, no caso, o fácil clichê de uma cozinha francesa sofisticada. Fazem até muito mais. A pretexto de tradição, eles contam de maneira eloquente uma história da atualidade: a alegria tem futuro.

boeuf bourguignon

Stéphane Duchiron
Chef do restaurante Les Fougères (Paris)

Esse prato, que se come religiosamente quando preparado com carinho, é provavelmente um prato de avó por excelência. De fato, sempre ouvi minha mãe e minha avó, ou então minha tia ou minha babá, dizerem "Ah! Vai ficar melhor amanhã, e quanto mais o aquecermos, mais gostoso ficará".

Concordo, desde que não seja requentado demais...

O boeuf bourguignon deve ser preparado com bastante antecedência. A marinada deve ser feita com um bom vinho dessa maravilhosa região que é a Borgonha. Não é de esperar que fique bom com um mau vinho. Aliás, todos os produtos selecionados para essa preparação devem ser escolhidos a dedo.

A meu ver, deve-se escolher a bochecha de boi, pois ficará bem macia e dará uma belíssima textura e um belo brilho ao molho. Gosto do seu lado levemente "gordinho", de seu gosto, de sua apresentação.

O toucinho deverá ser de porcos criados em fazendas do Auvergne; prefiro-o levemente defumado, bem gordo e bem grosso. Corto-o em grandes cubos e só vou escaldá-los se estiverem defumados demais.

A guarnição aromática será composta de cenouras de terra arenosa, de echalotas cinzentas da Champagne – pois dão um sabor muito particular de couro, de terra, e mesmo de trufa – e de cebolas doces que dispensam a adição de açúcar.

A carne pode marinar tranquilamente por 24 horas. Em seguida, sela-se a carne com os cubos de toucinho, molha-se com a marinada e leva-se para cozer lentamente no forno em uma panela bem espessa, de preferência tampada. Depois de pronto, esse delicioso prato será servido acompanhado de maneira clássica, com pequenas cebolas glaçadas e cogumelos-de-paris.

Na Borgonha, manda a tradição que o boeuf bourguignon seja servido com fatias de pão esfregadas no alho. Quanto a mim, adoro adicionar uma fatia de toucinho, só que bem fina e crocante, um simples purê de batatas esmagadas na manteiga ou, eventualmente, nhoques passados apenas na manteiga meio-sal.

Toda essa preparação é, para mim, um verdadeiro retorno à infância. Amo esse prato, que aprendemos a preparar com nossa mãe e nossa avó. Nós o víamos fervilhando lentamente sobre o fogo e, assim que ela virava as costas, nos víamos assumindo o risco de nele mergulhar um dedo por gulodice, uma bolha aqui, um caldo ali, um cozimento longo e bem lento, uma delícia das delícias.

bolo de morango

Philippe Hardy
Chef do restaurante Le Mascaret (Blainville-sur-mer)

Imaginemos um bolo de morango no inverno... Que absurdo!

O bolo de morango é, indiscutivelmente, uma sobremesa sazonal, dos dias de festa, das primeiras comunhões, dos casamentos, dos batizados. Na França, durante o mês de maio, quando os banquetes e outras reuniões de família acontecem nos jardins, é esse grande clássico da gastronomia francesa que impera no centro da mesa. Marzipã verde e apetitoso por cima, morangos da região cortados em fatias, o bolo de morango é majestoso.

Um de seus encantos é certamente o de exigir certa organização: sempre grande demais para caber na geladeira, é preciso dar uma escapulida da festa, só o tempo suficiente para ir buscá-lo, na última hora, no confeiteiro.

Com seu creme de manteiga, sua mousseline, ele não pode disfarçar seu ladinho antiquado, mas, mesmo assim, tem sempre igual sucesso. É cortado com grande pompa e compartilhado ao redor do bufê. Coisa que parece imutável há gerações... Não seria o bolo de morango uma pequena parte do patrimônio culinário francês?

Essa é uma razão para sacramentá-lo? Certamente, o bolo de morango vem de longe, assim como o Saint-Honoré, e é pelas lembranças que nos evocam, pela transmissão que operam entre as gerações, que eles têm um lugar todo especial em nossos pratos. Isso não nos deve impedir de refletir sobre a sua evolução... Existem muitas variações do bolo de morango, como o delicioso bolo de framboesa. Um pão de ló mais discreto, um creme mais leve permitem, por exemplo, dar todo o destaque ao morango, que deve, nesse caso, estar absolutamente impecável. Portanto, o gosto não muda, evolui...

botrite

Gérard Margeon
Diretor da sommellerie Alain Ducasse Entreprise

Para uns, é a *podridão cinzenta*, doença devastadora da videira; para outros, é a *podridão nobre*, fungo mágico e benéfico. É, pois, necessário analisar com precisão esse fenômeno.

PODRIDÃO CINZENTA

Botrytis cinerea é um fungo ao qual se atribui a responsabilidade pelo aparecimento da podridão cinzenta. De fato, ele não hesita em instalar-se nas flores, nas folhas, nos tomates, nos morangos, etc. Suas plantas hospedeiras representam nada menos que duzentas espécies. Ele coloniza indiscriminadamente os vegetais sadios, os tecidos já afetados, bem como as plantas mortas. A podridão cinzenta se desenvolve nos longos períodos úmidos e nas diferentes lesões da planta. Na maioria dos casos, sua presença significa a perda de boa parte ou da totalidade da colheita, caso as medidas necessárias não forem tomadas, e é aí que intervêm os famosos fungicidas.

PODRIDÃO NOBRE

Os benefícios da botrite têm a ver principalmente com o vinho branco (muito embora existam alguns raríssimos tintos no planeta que são produzidos dessa maneira). O desenvolvimento da botrite requer um clima especial, que privilegia certas condições de umidade e insolação. O fungo aprecia especialmente as vizinhanças de cursos d'água, como é o caso da região de Sauternes; mas pode desenvolver-se facilmente nas proximidades de lagos. Por trás dessa denominação nada atraente, ocultam-se o trabalho e a magia desse fungo que causa a podridão cinzenta e que, ao tornar porosa a casca das uvas, lhes favorece a concentração natural de açúcar pela evaporação da água contida em cada baga. O viticultor que tenha um vinhedo voltado para a produção de vinho branco licoroso irá tentar dominar e manter esse fenômeno. Os vinhedos franceses mais conhecidos por sua produção de uvas botritizadas são os de Sauternes, região atravessada pelo Ciron, rio da Gironda aparentemente sem importância, mas que desempenha um papel essencial no desenvolvimento desse fenômeno que irá produzir os grandes vinhos Sauternes. A presença da água mantém uma fina névoa matinal que fornece a umidade necessária ao crescimento desse fungo, e aqueles vinhos mágicos são produzidos com uvas acometidas de podridão. A região de Sauternes é o paraíso da botrite, mas não é a única: a Loire Central, situada entre Angers e Tours e que forma as colinas do Layon, bem como os Quarts de Chaume e outros Vouvray e Montlouis doces ou licorosos, desfruta da presença do fungo. A Alsácia também se beneficia em pequena escala, sem deixar de mencionar os Jurançon e os Monbazillac. A botrite não é uma exclusividade francesa; encontra-se também na Hungria – onde é responsável pela produção do famoso Tokaj ou Tokaji –, na Eslováquia, na Áustria e na Alemanha.

A colheita da uva, e mesmo das bagas, deve ser feita necessariamente em diversas passagens pela mesma fileira, de modo a colher *apenas* as bagas acometidas pelo fungo. Assim sendo, as outras bagas são deixadas para "maturar" por mais alguns dias.

Os vinhos provenientes de uvas botritizadas têm uma gama de aromas e de sabores dos mais exóticos. Quando ainda estão novos, cativam-nos as notas de damasco, tangerina, manga e maracujá, que depois evoluem para aromas de frutas secas, de geleia de ameixa-preta, de canela e de açafrão.

bouillabaisse

Gérald Passédat
Chef do restaurante Le Petit Nice Passédat (Marselha)

Para todo cozinheiro que se preze, é uma sorte que o patrimônio local disponha de um prato tão típico quanto a bouillabaisse. Se o chef for ligado à tradição, ele procurará fazer dela a versão mais memorável possível; se for criativo e em busca de modernidade, ele encontrará nela material para múltiplas variações. Incluo-me, de bom grado, nessa segunda categoria. Entretanto, minha última versão da "bouille-abaisse" deseja lançar um olhar poético sobre a tradição. Já uma emulsão de violeta – que nada tem a fazer numa versão tradicional – era como uma indicação do que poderia ocorrer.

A bouillabaisse servida hoje em dia no Petit Nice assume uma dimensão quase proustiana: é em busca de emoções da infância, quando eu saboreava o famoso prato, que lhes proponho acompanhar-me. Minha bouillabaisse constitui toda uma refeição, o que é clássico; em três serviços, o que é menos... Aos dois tradicionais, um voltado mais para os peixes, outro, mais para a sopa, adicionei um suplementar, à guisa de abertura. E é esse que nos transporta para a minha infância e minhas lembranças de pesca nas calancas*: os mariscos

---

* Formações típicas da costa mediterrânea (especialmente do sul da França), as calancas são vales profundos, ladeados por paredões de rocha calcária e, em parte, invadidos pelo mar, formando angras. (N.T.)

catados nos rochedos, as pequenas frituras que deviam ser preparadas com o produto da pesca tomam a forma de um carpaccio de mariscos, de pequenos filés de bodião servidos com um velouté de ervas levemente picante. O segundo serviço é o dos peixes acompanhados tão somente de um caldo de bodiões com legumes.

A alcachofra, que também está presente, confere uma espécie de esbeltez um tanto austera.

O terceiro serviço, o da sopa, está em contraste absoluto: o elemento líquido é de tamanha densidade que, apesar da leveza, traz uma sensação de riqueza.

Capão, pargo, batatas cozidas no caldo açafroado realçam a sua opulência, ligeiramente aguçada pelo mollho rouille.

cabeça de vitela

Alain Souliac
Chef do restaurante La Bastide de Moustiers
(Moustiers-Sainte-Marie)

ORIGEM E CULTURA

Prato emblemático do repertório culinário francês, cujo melhor embaixador foi Jacques Chirac durante seus dois mandatos na Presidência da República, a cabeça de vitela alimenta, há séculos, muitas lendas e fantasias. Em diversas cidades existem numerosas confrarias e clubes de cultuadores desse prato, cada qual reivindicando para si a "verdadeira" tradição da cabeça de vitela.

Para citar somente uma, da minha Corrèze natal, falemos da reunião dos adoradores de Ussel, a confraria dos obstinados pela cabeça de vitela*, que promovem, a cada 21 de janeiro, um banquete para comemorar a decapitação de Luís XVI na Place de la Liberté, regalando-se com fumegantes cabeças de vitela.

Grimod de la Reynière, por sua vez, dizia que ela continha, sozinha, mais cérebros do que vinte cabeças de mulher... pensamento que tenderia a provar que ele mesmo tinha uma cabeça sem miolos.

RECEITAS

Existe um grande número de aprestos para preparar a cabeça de vitela. Em seu *Guide culinaire* publicado em 1902, Auguste Escoffier dá treze versões e insiste no fato de que ela tem de vir sempre acompanhada dos miolos e da língua.

Por sua vez, Alexandre Dumas, em seu *Grand dictionnaire de cuisine*, insistia nas etapas preliminares: a escolha da cabeça, o melhor método de desossá-la, de tirar-lhe as impurezas e de escaldá-la. A maioria dessas etapas já não necessárias hoje em dia, pois a cabeça de vitela geralmente é comercializada já preparada e pronta para ser cozida.

---

* Em francês, o nome "confrérie des entêtés de la tête de veau" contém um trocadilho com *entêté*, "obstinado", "cabeçudo", e *tête*, "cabeça". (N. T.)

COZIMENTO

Come-se a cabeça de vitela bem quente, cortada em pedaços, recheada ou empanada, nos restaurantes, e inteira com os ossos, nas casas. É cozida em caldo com temperos ao qual se adicionam farinha de trigo e gordura com a função de vedar, evitando assim a oxidação da pele e permitindo que ela fique perfeitamente branca.

ACOMPANHAMENTOS

Geralmente serve-se a cabeça de vitela coberta com um molho condimentado ou avinagrado e acompanhada de batatas ou legumes cozidos no caldo da cabeça. Entre os molhos usados, estão o gribiche, o ravigote, o molho de tomate ou, ainda, o molho de tartaruga, que originalmente servia para cozinhar o famoso réptil de carapaça.

café

Emmanuel Renaut
Chef do restaurante Flocons de Sel (Megève)

Meu primeiro gesto a cada manhã... Presente desde o raiar do dia, mantém-se até a noite.

A seu respeito, dizia Talleyrand: "Negro como o diabo, quente como o inferno, terno como o amor".

A palavra "café" é tão rica de significações quanto de aromas.

Desde a semente que se desenvolve nos trópicos, em meio quente e úmido, *robusta* ou *arábica*, até os aromas, tudo no café evoca destinos de viagens exóticas, de caráter, em certo sentido, forte: Brasil, Sri Lanka, Papua-Nova Guiné, Colômbia, Etiópia, Jamaica.

Torrada, moída e dissolvida na água de diferentes maneiras e técnicas de acordo com as culturas, essa cereja com dois caroços verdes se revela: aroma, cor e efeito (estimulação do corpo e da mente pela cafeína).

A exemplo da videira e do vinho, o cafeeiro e o café se nutrem e refletem seu solo e sua orientação. Como o vinho, o café está ligado a momentos de compartilhamento, convívio com amigos, de relaxamento: de Nova York a Paris, de Moscou a Sidney, quem não compartilhou um café com ou sem açúcar, com leite ou puro, quente ou frio, em coquetel... Tomar um café entre amigos em casa, no escritório, ou... *no* café, pois o café também é um local onde se pode consumi-lo.

Esse produto rico e nobre pode combinar com as comidas mais inusitadas: ouriços-do-mar, para uma troca iodada; carne branca (aves, vitela, porco), para criar um suco de café ou café cremoso. Seus sabores apetitosos também se associam deliciosamente a muitas sobremesas.

caldo

Guillaume Delage
Chef do restaurante Jadis (Paris)

O PRECURSOR DA SOPA

Caldo? Água do cozimento de legumes ou carne, impregnada de seu suco. Pode ser assim consumida ou ser usada para compor uma receita. É o que diz, em poucas palavras, o léxico da alta culinária.

Tão pouco... e, no entanto, o caldo faz parte da mitologia da cozinha francesa. Não é uma receita por si só, mas milhares de receitas que souberam atravessar os tempos, sendo transmitidas de geração em geração. Esse precursor da sopa está carregado de símbolos, lembranças e gestos associados ao convívio à mesa, ao compartilhamento... Um prato universal, o prato do pobre.

Desde que o homem descobriu o meio de aquecer a água, seja num buraco ou numa panela, e pensou em ferver ervas, carne, peixe, etc., o caldo tornou-se um fenômeno inconteste, inserindo-se nos costumes da humanidade. Foram encontrados vestígios, marcas do uso de recipientes que serviram para a preparação de bebidas quentes, consumidas tanto no verão quanto no inverno.

O caldo é como um ponto de apoio e, principalmente, uma base para compreender melhor de onde procedemos e o que comemos.

É a filosofia do cozinheiro: o caldo oferece a ele infinitas possibilidades e simboliza o prato sem artifícios, a comida que conserva um equilíbrio essencial, sem contudo se afastar da sua originalidade... O caldo é a inspiração.

Ele possibilita reinterpretações culinárias das mais audaciosas, que constituem outras tantas homenagens aos nossos mestres. Partir dele para criar e se renovar continuamente, e até mesmo chegar além das próprias fronteiras para, durante uma viagem ao Japão, por exemplo, imaginar um novo caldo de peixe aromatizado com Kombu.

Existem tantos caldos quantos cozinheiros. O caldo é aquilo que fazemos dele. E esse concentrado de gostos e sabores não deve seu sucesso unicamente a uma competência milenar, mas também à qualidade dos produtos que adicionamos a ele.

carne de boi

Pascal Feraud
Chef do restaurante Le Jules Verne (Paris)

A carne de boi ou bovina é uma das mais consumidas na França e no exterior (na França, é a segunda mais consumida, depois da carne de frango). O francês consome em média cerca de 22 kg por ano, apreciando-a sobretudo pelo paladar e pelas possibilidades culinárias que proporciona.

Mas o que se entende exatamente pelo termo "carne de boi"? Quais são as raças de gado bovino mais comuns? Que partes de uma rês nós consumimos? E, enfim, de que maneira essa carne é consumida em diferentes países?

A carne de boi pode ser definida como a carne de um animal bovino macho, adulto e castrado, destinada ao consumo. Contudo, no comércio de carnes, geralmente chamamos de "carne de boi" qualquer carne bovina, portanto vinda de animais de diferentes idades e de ambos os sexos dessa espécie, com exceção da vitela. A expressão genérica "carne de boi" designa, pois, diversas categorias de animais: as novilhas, as vacas, os novilhos, os bois e os touros.

Além disso, podemos distinguir duas categorias de carne, de acordo com seu modo de criação. A primeira são as *vacas leiteiras*, ou seja, as vacas que são ordenhadas e cujo leite se destina à indústria leiteira. Quando essas vacas deixam de produzir leite, são "aposentadas", e sua carne é consumida. A segunda categoria, denominada *raças de corte*, é composta de animais de criação destinados à produção de carne. A França tem o mais importante rebanho de raças de corte da Europa. O plantel francês se constituiu pela criação, e é o resultado de práticas de seleção de mais de 2 mil anos, que levam em conta a natureza do solo, do relevo, do clima, e também da pastagem.

Entre as raças leiteiras, a mais importante é a *prim'holstein*, mas podemos mencionar também a *holandesa*, a *bretã pie-noir*, a *jérsei*...

Duas subcategorias formam as raças de corte: as "tradicionais", das quais as três raças dominantes são a *charolesa*, a *limusina* e a *dourada da Aquitânia*, e as "rústicas", das quais as mais comuns são a *salers*, a *gascoa* e a *aubrac*.

As *raças mistas* são usadas tanto para a produção de leite quanto para a produção de carne: são principalmente a *normanda* e a *montbéliarde*, bem como a *abondance*, a *tarentesa* e a *simental*.

Embora a França tenha o maior rebanho bovino da Europa, outros países têm uma produção rica e de qualidade. A simental se encontra em diversos países europeus.

Além dessas, podemos citar, entre as raças mais conhecidas, a *Aberdeen*, a *Angus* e a *Black Angus*, originárias da Escócia, mas muito difundidas e apreciadas também nos Estados Unidos; a *Hereford* e a *Longhorn*, na Grã-Bretanha, ou ainda o *boi de Kobe*, do Japão.

Geralmente divide-se uma rês abatida em quatro quartos. Os quartos traseiros são os mais procurados e fornecem as partes mais "nobres" da carne bovina. São os cortes que requerem uma cocção rápida, e em geral são classificados como "carnes para grelhar". Os quartos traseiros se dividem em duas partes: a lombada e a coxa. É a lombada que fornece os pedaços mais tenros, como o filé de costela e o entrecosto, o filé-mignon e o contrafilé, ou ainda a picanha. Na coxa, os cortes mais conhecidos são o jarrete e o coxão.

Os quartos dianteiros requerem uma cocção mais lenta, e suas partes são geralmente classificadas como "carnes para cozinhar". É uma carne mais rica em colágeno e, muitas vezes, vendida com osso. São, entre outras, o acém, o pescoço e a paleta.

Em gastronomia, a escolha da carne é muito complexa: ela deve ser macia e, ao mesmo tempo, muito saborosa; deve descansar durante quarenta dias ou mais para alcançar a textura desejada. A cor deve ser de um vermelho intenso, e deve-se verificar se tem estrias de gordura entre os músculos. Cada peça deve ser provada pelo chef de cozinha, para que ele tenha certeza de sua qualidade antes de apresentá-la ao cliente.

O uso da carne bovina não tem outro limite senão a imaginação dos cozinheiros. Na França, os pratos tradicionais, como o pot-au-feu, o boeuf bourguignon e o cozido provençal, são sempre apreciados, mas, com frequência, os franceses escolhem cortes "para grelhar", que são salteados na frigideira ou grelhados e assim consumidos. Na Inglaterra, os consumidores conservaram o hábito do sunday roast, o "assado de domingo", servido com um molho, muito embora apreciem também as "casseroles" ou os cozidos à base de carne bovina. Provavelmente, os Estados Unidos são, por excelência, o país da carne bovina. Lá se consomem não apenas os T-bones, os grandes bifes e outras carnes do entrecosto, além, é claro, do hambúrguer, cujo sucesso mundial todos nós conhecemos, mas também os pratos "importados", como o chili con carne. No Japão, a carne bovina é muito cara e servida quase sempre em pequenas porções finamente fatiadas, como o prato shabu-shabu (um pouco semelhante aos sushis) ou então salteadas num teppanyaki.

Se é verdade que as partes nobres, tais quais o filé e o entrecosto constituem uma opção privilegiada em gastronomia, como o filé Rossini, as partes ditas menos nobres também são usadas com a mesma inovação e rigor. A carne bovina é, com certeza, a mais pedida e procurada pelos clientes, e os cozinheiros devem multiplicar sua criatividade a fim de satisfazê-los e surpreendê-los.

champanhe

Arnaud Lallement
Chef do restaurante L'Assiette Champenoise (Tinqueux)

O champanhe é vida, festa, compartilhamento, sabor, descoberta, natureza, futuro.

Vida, festa. Ao nascermos, nossa chegada é festejada com champanhe, depois, cada ano que passa, cada aniversário, são festejados com champanhe. Batizado, primeira comunhão, noivado, casamento, são festejados com champanhe. Os grandes eventos, como nosso primeiro exame, nosso primeiro emprego, nossa primeira promoção, nosso primeiro contrato – em resumo, nossos sucessos –, são festejados com champanhe.

Compartilhamento. Bebe-se o champanhe sempre a dois, para acompanhar os grandes momentos de emoção: o primeiro encontro amoroso, o pedido de casamento, o anúncio da vinda de um bebê.

Sabor, descoberta. Jamais chegaremos a conhecer todos os gostos, todos os sabores de todos os champanhes, pois eles são tão diferentes uns dos outros, tão diferentes de um dia para outro, tão diferentes conforme o nosso humor, conforme a sua temperatura... Nós partimos para a descoberta a cada garrafa, a cada taça, a cada gole.

A descoberta está muito ligada ao tipo de champanhe escolhido – *brut, blanc de blancs, blanc de noir, rosé,* de colheita recente, de colheita antiga, *non dosé, demi-sec* –, no estilo do viticultor, do chefe de adega, da aldeia. É realmente uma perpétua exploração.

Natureza, futuro. Não haverá natureza sem futuro nem futuro sem natureza. Cuidemos de proteger a natureza da Champanha para dar continuidade à festa, ao compartilhamento, ao gosto, à descoberta e, acima de tudo, à vida.

O champanhe é o mais extraordinário dos vinhos; está presente e se adapta a todas as etapas de nossa vida, a todos os momentos importantes. Bebe-se o champanhe por muitas razões e até mesmo sem razão nenhuma. Ele é indispensável.

Coma de verdade
Beba de verdade

chef

Joël Robuchon
Chef do restaurante L'Atelier (Paris)

"Um chef não nasce chef, torna-se chef." Esse é um merecido título, carregado de sentido e responsabilidade. É, de início, um aprendizado, no calor dos fornos, sob as asas protetoras de um ou mais maîtres, e nos bancos de uma escola ou de um centro de formação profissional; é um percurso pessoal, singular, um sulco que se cava com os anos.

Quando se decide ser cozinheiro e se aspira tornar-se chef, começa-se pelas bases, que são para a arte culinária o que o solfejo é para a música. Para exercer serenamente essa arte, é necessário compreender e conhecer os produtos, controlar as cocções, a condimentação, apreender as técnicas. É um perpétuo aprendizado, e o chef tem o dever de se questionar cotidianamente.

Quando jovem, fiz a mim mesmo uma promessa: ser excelente. Ao escolher a culinária, a ela me dediquei completamente, generosa e continuamente. Ser chef é honrar essa promessa a cada dia, dando o melhor de si. E, para tanto, o chef tem de saber escolher os melhores produtos da estação, os mais saborosos. Sem um estrito respeito pelos produtos e pelos homens que os fornecem, não poderíamos cozinhar.

Esse é o primeiro elo de uma longa série de responsabilidades. Depois, vêm a equipe de subchefs, os colaboradores, a equipe de funcionários. O chef dá o tom, ele é o referencial, e, mesmo se divide o poder executivo com seus sub-chefs, chefs colaboradores e funcionários, ele não deixa de ser um modelo, não devendo jamais perder de vista seu dever de transmitir *savoir-faire*, de compartilhá-lo e, por extensão, de delegar.

Ser um chef é, acima de tudo, transmitir o saber: ser um chef é ser um Mestre. É um valor fundamental e inerente a essa profissão. Enfim, o chef não pode existir sem clientes. Ele não cozinha para si, mas para os outros, para lhes proporcionar um momento de prazer no compartilhamento e no convívio à mesa.

Nosso dever para com eles é ficar à sua escuta, prever seus desejos, surpreendê-los por vezes, e também tranquilizá-los. Temos a sorte de poder trazer emoção, de ser mercadores de felicidade e, se o momento passado à nossa mesa é efêmero, a lembrança que dele guardam deve ser durar para sempre.

chipiron

Cédric Béchade
Chef du restaurant L'Auberge Basque (Helbarron/Saint-Pée)

Esse pequenino molusco branco da costa sudoeste francesa é um produto emblemático do País Basco.

O chipiron é da mesma família do calamar, da siba e da lula. Geralmente, aproxima-se da costa do Atlântico no momento da reprodução.

Sua particularidade: de pequeno e médio porte, é um produto delicado que só suporta cozimento breve. É possível combiná-lo com um grande número de produtos e sabores.

Em geral, há três maneiras de cozê-lo: na chapa (grelhado), em molho (com tinta da sépia) e frito. É pescado com rede ou, de forma artesanal com o "zangarilho" (isca munida de ganchos aos quais se enroscam os chipirons quando se agita a linha de cima para baixo). É um produto essencial para o País Basco e cuja temporada de pesca começa em setembro e vai até fevereiro.

chocolate

Bernard Pacaud
Chef do restaurante L'Ambroisie (Paris)

Existem diversas maneiras de reagir a uma palavra: visualiza-se a coisa nomeada, pensa-se na palavra escrita. Minha reação à palavra "chocolate" não corresponde a esses critérios. Chocolate: essa palavra evoca em mim um emaranhado de sensações ligadas à infância.

Curiosamente, não é o gosto que primeiro me vem à mente, como seria de supor em razão de minha vocação, mas sim a sensação tátil de certa matéria perfumada e maleável que escorre, quente e sensual, para solidificar-se em diferentes formas desejosas de serem mordidas com avidez.

cogumelos

Régis Marcon
Chef do restaurante Régis & Jacques Marcon
(Saint-Bonnet-le-Froid)

Minha história com os cogumelos remonta à infância.

Em Saint-Bonnet-le-Froid, entre Velay e Vivarais, as ocupações eram raras; e, como todos os meninos da aldeia, eu vivia no ritmo das estações. No inverno, ganhávamos alguns trocados empurrando os carros encalhados na neve. Na primavera, colhíamos junquilhos e narcisos, vendíamos flores de urtiga branca para a farmácia... No verão, era a colheita dos mirtilos. Esses pequenos ganhos constituíam todo o dinheiro que tínhamos. E, no outono, infalivelmente, íamos catar cogumelos.

A cidadezinha é circundada de florestas e pradarias. A iniciação à colheita era feita pelo pai, pela mãe pelo avô ou pela irmã mais velha. Tenho de dizer que, naquela época, as pessoas sabiam viver sem pressa.

Recordo-me de que o meu pai, comerciante de vinho naquele tempo, não hesitava, durante suas viagens, em parar de vez em quando o seu "Prairie" na beira da estrada para ir catar cogumelos. Era a sua maneira de levar um buquê do campo para minha mãe. Como é possível, num ambiente como esse, não gostar de cogumelos!

Os aromas de cogumelos sempre fizeram parte da minha vida. Conservo a lembrança da omelete de *mousserons* que Marie Dantresangle, que era um pouco avó de todos, preparava para nós.

Íamos, os amigos, à casa dela com regularidade. Comíamos diretamente na travessa e bebíamos grandes copos cheios de vinho diluído na água. Luxo dos luxos, arrematávamos aquela refeição com cigarros feitos de tomilho selvagem.

E como não falar daqueles *cèpes* e *canaris* que invadiam a cozinha da casa? Minha mãe cozinhava caixotes inteiros deles e os servia em conchas aos clientes da nossa pousada. Eu a ajudava à minha maneira, passando horas da noite a escolher os cogumelos. Entre os meus preferidos, havia os *gyromitres*, cuja venda é hoje proibida, pois são declarados perigosos. Minha mãe os servia unicamente nas grandes ocasiões e com timo de vitela.

A cada ano, no início de novembro, havia a feira dos cogumelos de Saint-Bonnet, uma tradição muito antiga. Os catadores vinham vender suas colheitas de *cèpes* secos, e às vezes eram *nerratous* frescos, quando as temperaturas geladas não vinham cedo demais. Para eles, era – e ainda é – um ganho nada desprezível, que complementava a venda dos ovos, queijos e aves de sua fazenda. Pensem nisso, caros habitantes das cidades! Vocês que vêm à nossa região, às vezes em ônibus lotados, rastelar as florestas!

Para mim, a colheita dos cogumelos é, acima de tudo, um prazer solitário. Não mais que dois ou três companheiros na floresta, tendo, na volta, a alegria de mostrar, com orgulho, a colheita e dividi-la com os familiares.

Mais tarde, tornei-me cozinheiro. Reativei a pousada da família e, evidentemente, os cogumelos ocupam um grande lugar nos pratos que preparo. E, se minha mãe tinha suas especialidades, era natural que eu desenvolvesse as minhas. Encontrei também um homem admirável que se tornou meu amigo, Gilles Liège, micologista amador e fino gourmet. Aliás, seus conhecimentos não ficam só nos cogumelos: quem conhece melhor do que ele as diferentes variedades de pera e de maçã? Graças a ele e a nossos passeios, descobri muitas espécies de cogumelo que me inspiraram a elaborar novos pratos. Gosto daquelas caminhadas nos lugares secretos, onde, com um pouco de paciência, temos quase certeza de descobrir alguma *cèpe, girolle* ou *trompete*. A caça aos cogumelos requer um bom conhecimento das diferentes espécies de árvore, e também do tempo, das chuvas, das temperaturas, como em meu primeiro emprego, de instrutor de esqui de fundo, no qual, antes de cada saída, a técnica do enceramento nos obriga a perscrutar o tempo, os ventos, a temperatura da neve.

Se, alguns anos atrás, eu catava unicamente *chanterelles* e *cèpes*, hoje minhas colheitas são mais variadas: *canaris*, *tricholomes* (em particular, as *tricholomes* da Saint-Georges), *pied-de-mouton*, *lactaires* deliciosos...

Sempre quis que minha pousada representasse, para todos, um encontro com a natureza, com nossos produtos locais, nossos temperos verdes e nossos cogumelos silvestres.

SOBRE A COLHEITA DOS COGUMELOS

Quando é que podemos sair em busca de cogumelos? Praticamente durante o ano todo.

Algumas espécies gostam do tempo ameno da primavera. Outras nascem em grande número após as tempestades de verão. Mas a boa temporada dos cogumelos é, com certeza, o outono, quando as variedades são inúmeras e brotam em grande quantidade. Certas espécies preferem as primeiras friagens, algumas suportam até as primeiras geadas.

É preciso levar em conta os boletins meteorológicos (inclusive os dos dias anteriores ao nosso passeio), a higrometria do solo, a temperatura externa... Um calor ameno, boas chuvas e lua cheia são condições ideais para a germinação de cogumelos.

É preciso levantar-se cedo. Antes de sair, munir-se de agasalhos, de um bom par de botas... E, principalmente, de um bom canivete. O Opinel está sempre no bolso de um catador de cogumelos!

Nada de sacos plásticos. É melhor um cesto, não muito grande, para passar facilmente por entre os ramos, e um bastão rígido para afastá-los, e, começa a caminhada.

Deve-se começar simplesmente ouvindo os ruídos da floresta. Talvez até mesmo, e por que não, o bramido de um cervo. Respire... Você está entrando num mundo secreto, e seu nariz rapidamente se põe a funcionar. Aromas de todo tipo chegam até você: samambaias, musgos, húmus... E, embora diga que é impossível, logo irá perceber o cheiro dos cogumelos.

Tudo isso vai demandar paciência. E muitas vezes é preciso mesmo: não é raro ter de procurar durante horas antes de achar o primeiro cogumelo.

Não se deve manter os olhos fixos no chão, mas levantar a cabeça e identificar as árvores. Alguns cogumelos preferem as frondosas, outros gostam de ficar sob as coníferas. Mas é bom desconfiar, pois o cogumelo é manhoso. Nem sempre ele nasce onde esperamos: ele tem um prazer travesso em mudar de lugar. (Não é como costumam contar: ele não volta a nascer automaticamente no mesmo lugar.) É verdade que o cogumelo aprecia a companhia do musgo e das folhas mortas, mas não será nenhuma surpresa se, por vezes, você encontrá-lo no meio de um caminho.

Aqui você caminha com toda a liberdade, e essa liberdade é a floresta que lhe dá. Se dessa vez você voltar de mãos vazias, não adianta chutar de raiva os (maus) cogumelos que estiverem no caminho de volta. Temos de lembrar que a floresta não é lixeira. Nada deve ser deixado para trás (sacos ou caixas plásticas). Aliás, ninguém deverá jamais saber por onde você passou.

E, depois, surpresa! Por ali... A emoção tira o fôlego quando você percebe um *cèpe* ou um *morille*! Calma! Pressa para quê? Ninguém virá roubá-lo. Deve-se cortar o cogumelo corretamente, na base, com o canivete. Depois de observá-lo bem e arrumá-lo no cesto, retorna-se à busca.

É preciso moderação. Quando a quantidade colhida bastar para suas necessidades do dia, você tem de saber se contentar e pensar nos catadores locais, que conhecem, de pai para filho, os lugares certos e, assim, garantem um fim de mês menos difícil. É sempre decepcionante ver devastado um belo recanto de cogumelos que nossos pais nos haviam mostrado em segredo.

cozimento

Thierry Schwartz
Chef do restaurante Le Bistro des Saveurs (Obernai)

Evidentemente, o cozimento é primordial em culinária. Acho que, junto com o tempero, ele constitui de fato o essencial de um prato. Vejamos o exemplo de um bom bife acompanhado somente de fritas. Para que esse prato seja um sucesso, é preciso apenas – e aí que entra toda uma arte – um cozimento bem sucedido e um tempero perfeito.

Depois é que vem o nosso desejo de provocar uma emoção com o prato que cozinhamos e servimos. Faço isso pelo "plus" que me agrada e que ponho no meu prato – algumas vezes, um simples acabamento... Mas na base de um prato – repito – sempre está o seu cozimento e o seu tempero!

Se o cozimento é essencial, ele é também muito variável. Impossível cozinhar um aspargo e uma ave do mesmo modo: cada produto tem suas especificidades. Fala-se, aliás, de carne bem malpassada, malpassada, ao ponto, e também de massa al dente, ou ainda de legumes crocantes, muito bem cozidos, em conserva... Assim também, cada cliente tem uma expectativa diferente que é preciso saber respeitar. Isso é conduzir um cozimento, dirigi-lo respeitando todos os parâmetros.

"Dirigir um cozimento", "conduzir um cozimento" são expressões que se ouvem menos atualmente. Isso tem lógica, pois o fogo, elemento essencial do cozimento, está cada vez mais abstrato. A indução é o exemplo perfeito: se passarmos a mão sobre uma chapa, percebemos que ela nem estará quente!

No entanto, nada é mais concreto em culinária do que o cozimento. Selamos, fervemos em fogo lento, deixamos dourar, e, para tanto, é necessário controlar o fogo, a chama. Antigamente, esse trabalho era feito pelo rôtisseur. Essa relação com o calor gera uma sensibilidade que é levada para o produto e que não deveria ser totalmente perdida...

Atualmente, o impacto da alimentação sobre nossa saúde é uma preocupação das mais importantes, e o cozimento tem aí um papel a desempenhar. Nosso organismo não está preparado para digerir tudo: um alimento pode ser mais digerível ou menos digerível, conforme esteja cru ou cozido, e até mesmo conforme a sua forma de cozimento. O pimentão, por exemplo, quando está cru, nem todos o digerem bem. Tostado apenas, ainda é indigesto para muitos, ao passo que, bem cozido já não é problema para ninguém.

Enfim, o cozimento correto é o que chega ao ponto de equilíbrio entre o ingrediente e a pessoa que vai comê-lo.

cozinha

Alain Ducasse
Chef e presidente da Alain Ducasse Entreprise

A cozinha é, em si, um caso singular. Ela toca o íntimo e partilha, sem exigir nada do outro. Requer, num mesmo movimento, a paixão e a disciplina, o prazer e o trabalho. A cozinha é um luxo do cotidiano. Concilia sopas de legumes e aves, caldeirões e espetos, porcelanas e cristais. Poucas artes convocam e aliam tão intensamente a sensibilidade e a troca. O prazer que nos proporciona é fruto da paixão que nela depositamos.

A língua francesa é parca daquelas palavras-valise, ricas e polissêmicas. Proponho aqui o desafio de encontrar outra palavra da língua francesa que signifique um gesto, um lugar, um objeto, um ritual! Enquanto, geração após geração, a língua faz mais clivagens, nuances, classificações, gosto da ideia de que a cozinha agrupa. Com uma multiplicidade de sentidos.

Até na impossibilidade de fazer um sentido prevalecer sobre os outros. É que a cozinha vem de longe: o primeiro texto escrito em língua românica foi para falar do cozimento... de santa Eulália por Maximiano, rei dos pagãos!

Felizmente, a cozinha que nos apaixona é de gênero totalmente diferente. E é sempre com sincero deleite que anunciamos a nossos amigos "Estou indo para a cozinha". Então, o espaço se torna vivo, hospitaleiro, caloroso, como se transpirasse antecipadamente a convivialidade da coisa. Comer é uma necessidade do dia a dia; cozinhar faz desse momento um instante único de felicidade. Gosto de cozinhar, apaixonadamente. Gosto de escolher os produtos, de trabalhá-los, de revelar-lhes os sabores, sem exageros, com justeza e simplicidade. Cada um de nós, artesãos e apaixonados pelo cotidiano, pode dizer "Minha cozinha, minha vida".

Explico: para além da exigência e da criatividade dos chefs, a paixão pela cozinha atravessou o tempo, continuamente transmitida, reinventada, sublimada. Ela é profundamente humana. Essencial. Natural.

enguia

Éric Guérin
Chef do restaurante La Mare aux Oiseaux (Saint Joachim)

"Anguilla", fórmula mágica proferida como um sortilégio; baba de enguia e olho de rã, esse peixe, às vezes elétrico, simbólico ou maldito, é um mistério.

Praticamente saído das regiões abissais do mar dos Sargaços, aonde a enguia vai para desovar, seu alevino levará, depois, de dois a três anos para voltar até a foz dos rios na forma de *civelles* ao norte e de *pibales* no rio Loire.

Minhoquinhas, macarrão asiático ou embriões podem definir aquele entrelaçado translúcido vendido a preço de ouro para o prazer do paladar e para a extinção da espécie.

Outrora peixe simples, a enguia nada em todas as especialidades regionais. Com verduras, com salsa, à marinheira ou com azedinha, é muito apreciada numa gastronomia de terroir, mas pouco aceita na cozinha familiar, e esse é mais um mistério.

Hoje peixe sofisticado, a pesca, a regulação dos cursos de água ou a poluição tornaram-no, em alguns anos, um prato raro, e nosso peixe sagrado do pântano esgueirou-se para a alta cozinha: prensado, defumado, laqueado, desmanchado ou em geleia, com soja, maçã ou foie gras... É a enguia na corte dos grandes, mas não será tarde demais?

Guiada por sua atração magnética, à vontade na água doce ou salgada, imagino-a ainda deslizando através das épocas, como se esgueira através dos campos à procura de água, para que amanhã, desafiando as modas e os gostos, a encontremos mágica em sua roupagem prateada.

entrada

Christian Constant
Chef do restaurante Le Violon d'Ingres (Paris)

A entrada é um prato leve, na maioria das vezes um aperitivo feito com produtos sazonais, cujos sabores e aromas aguçam as papilas.

Pode ser fria ou quente, mais ou menos requintada, dependendo da escolha de seus ingredientes e de sua composição, mas não deve jamais suplantar o prato principal.

A entrada não deve suprimir a sensação de apetite. Muito ao contrário, deve dar vontade de prosseguir na degustação, daí a importância de ser preparada com o maior cuidado e capricho.

Sua apresentação também é muito importante, pois esse primeiro prato será o prenúncio da sequência da sua refeição.

Parabéns, se ela for tentadora!

entremets

Philippe Gauvreau
Chef do restaurante Le Pavillon de la Rotonde (Lyon)

Ou o interlúdio dos gourmets!

O entremets atravessou os tempos e as gerações como um divertimento culinário, uma vírgula salgada que se servia entre os pratos, a fim de manter ocupados os convivas.*

Era o interlúdio dos gourmets, como um momento suspenso, fora do próprio tempo, uma pausa de gula destinada a todos os gourmets atestados – se é que existe essa expressão –, de uma pleiteada arte de viver!

O entremets é dedicado a todos os gastrônomos apaixonados, curiosos por sabores, ávidos de descoberta; a todos aqueles que têm na memória gustativa o seu precedente e que já sonham com o que está por vir.

No século XVII, a primeira edição do dicionário da Academia Francesa assim o apresenta: "o que se põe sobre a mesa depois do assado e antes da fruta". Então, ele é nomeado sem ser verdadeiramente distinguido. Depois, no decorrer do tempo, retorna-lhe a glória, ele consegue recuperar a saúde,

---

* Os entremets já foram pratos salgados. Atualmente, são doces servidos, na gastronomia francesa, depois do queijo e antes da sobremesa propriamente dita. Dividem-se em 3 grupos. Eis alguns exemplos desses grupos: a) quentes: cremes, suflês, crepes; b) frios: bavaroises, charlottes, geleias; c) acompanhados de sorvete: musses, bombas, sorbets. (N.T.)

fartando-se de sobremesas, e se insinua entre os pratos para estabelecer-se na refeição. Bela ascensão!

Na verdade, as criações de entremets, tais como as concebemos hoje, são um feito de confeiteiros italianos que, atraídos para a corte de Catarina de Médicis, nos ensinaram a apreciar aquelas delícias açucaradas. Finas guloseimas com os maviosos nomes evocativos de suflês, crepes, taças, parfaits, musses ou ainda biscoitos glaçados... algumas palavras que nos levam de volta à infância, à memória de tempos idos, em que era bom não fazer nada, saborear o momento de um prazer simples e guloso!

O entremets é, para mim, a imagem da gastronomia, uma história de compartilhamento, de transmissão e de emoção... entre tempos... entre nós... A felicidade em si.

escargot

Fatéma Hal
Chef do restaurante La Mansouria (Paris)

UM COSTUME ANCESTRAL

Na esquina de uma viela, cruzamos com um vendedor ambulante que guarda zelosamente, em seu carrinho, sua preciosa colheita de saborosos escargots condimentados que ele anuncia aqui e ali, conforme vai encontrando as pessoas.

Uma imagem tão típica quanto surpreendente, como aqueles estudantes que costumamos ver com uma caneca na mão, deleitando-se com esse famoso molusco gastrópode... É uma bela expressão, se é que existe, da cozinha de rua, acessível a todos, de baixo custo e muito apreciada no Marrocos.

Os marroquinos são grandes consumidores de escargots, e as diversas regiões do país estão repletas desse belo produto. Um exemplo é a região de Gharb: lá, homens e mulheres se reúnem a cada temporada para sair em busca do tesouro, e é assim que vemos centenas de escargots amontoar-se na beira das estradas.

As mulheres rivalizam em seu preparo, mesmo sabendo que essa diligência exige uma paciência infinita. Ele é polvilhado com farinha de trigo, delicadamente, para não sufocá-lo, em seguida é lavado várias vezes em água abundante, e depois esfregado com sal. É cozido em fogo brando durante um longo tempo, num caldo habilmente aromatizado e condimentado. Mamãe Mansouria nos regalava com um caldo de escargots com casca de laranja.

E, é claro, quando se fala de escargot, é impossível deixar de evocar Antonin Carême e aquele famoso almoço em que cozinhou para Talleyrand e o czar Alexandre. O cozinheiro, desprovido de produtos, mas não de ideias, decidiu servir aos ilustres convivas os escargots que passeavam em seu jardim. Ele adicionou alho para "esconder o gosto", salsinha para "suavizar a visão" e manteiga para "facilitar a deglutição". Assim, acabava de nascer o escargot de Bourgogne.

Escoffier

Didier Elena
Chef do restaurante Adour Alain Ducasse at the St Regis
(Nova York)

Rei dos cozinheiros, cozinheiro dos reis

Nascido em 1846, na Côte d'Azur, Auguste Escoffier não parou de percorrer o mundo durante a sua vida para expor e explicar a realidade do ofício de cozinheiro, ao mesmo tempo que conferia um lugar de honra a esse ofício.

Graças ao seu contato com César Ritz, organiza e instala os mais prestigiosos endereços de hotéis de luxo da Europa. Torna-se, e é ainda hoje um precursor ao envolver-se em todos os setores:

» organização das cozinhas;
» implicações do serviço e das artes da mesa;
» reorganização dos métodos de trabalho, racionalizando a distribuição das tarefas e procurando cuidar da imagem do cozinheiro (limpo, meticuloso, que não bebe, não fuma e não fala alto);
» implantação de menus a preço fixo, pela primeira vez nos restaurantes;
» criação (em 1911) de uma revista de culinária, *Le Carnet d'Épicure*;
» e, evidentemente, livros, como *Guide culinaire* e *Ma cuisine*, que até hoje são referências para todos nós.

especiarias

William Ledeuil
Chef do restaurante Ze Kitchen Galerie (Paris)

"Cuidado, esse prato está muito condimentado!" compreende-se como "Esse prato está muito apimentado"... Danoso erro de linguagem, porque, na verdade, condimentado é um prato perfumado, promessa de uma viagem em todos os sentidos.

Seca, em hastes, laminada ou em pó, a especiaria evoca o sol, a viagem, os mercados do mundo. Em qualquer país, em qualquer mercado, encontram-se aquelas bancas com especiarias expostas, verdadeiros tesouros, orgulho de um lugar. A especiaria é aquilo que o viajante traz, a lembrança que revive a cada abertura do frasco.

Mas cuidado com o clichê, com aquela especiaria trazida de um país ensolarado e que nunca usaremos. Para apropriar-se de uma especiaria, nada melhor do que compreendê-la em seu lugar de origem, em sua cultura culinária. Assim, percebida sua sutileza, pode-se então valorizá-la.

A especiaria dá realce ao prato, enobrece o produto.

O *açafrão* é uma das mais belas especiarias. Eu compro o francês, afinal, nem sempre as especiarias estão longe de nós.

Imaginemos um aïoli à base de batata-doce, gengibre e açafrão, ou um vinagrete de balsâmico branco com cidra e açafrão. É essa infinita liberdade de combinações que é o que mais encanta nas especiarias. Entreter-se em buscar combinações conforme a sua própria sensibilidade é realmente uma diversão.

O único detalhe que não deve ser esquecido é a dosagem correta. No meu entender, a solução é enxergar a especiaria como um tempero. Temos o sal e a pimenta-do-reino. De igual maneira, a especiaria existe para realçar o prato, e não para mascará-lo. O sal é um tempero próprio da nossa cultura culinária. Uma especiaria combinada com uma ponta de acidez pode nos levar a deixar de lado o hábito de salgar. Imaginemos um tempero para acompanhar um confit de paleta de cordeiro: um pouco de cebola doce de Cévennes em conserva, um pouco de damascos secos, suco de limão para o toque ácido, pó de *curry* e *cardamomo* como especiarias, e gengibre ralado. Nesse caso, a necessidade de sal não é sentida. Adicioná-lo deixaria esse tempero picante menos saboroso... A especiaria, perfumada e saborosa, tempera maravilhosamente.

faisão

Xavier Isabal
Chef no hotel Ithurria (Aïnhoa)

A ELEGÂNCIA DA COZINHA DE TERROIR

A cozinha é a expressão da comunidade; cada lugar traz em si a sua cozinha, a sensibilidade de uma região.

Orgulhoso, elegante, raçudo, de alma campônia, o faisão é a expressão de um terroir muito presente e que sempre me traz recordações da infância... as reuniões de caça, as caminhadas nas matas, o aroma dos prados, do capim alto. Depois, a espera da caça, aquela paciência infinita até o rumor do animal que alça voo.

"Lever le faisan" é mesmo a expressão consagrada.* Tantos perfumes e imagens que afloram à superfície da memória e que me fazem vibrar de alegria!

Um belo encontro com o faisão silvestre, fundado no respeito às tradições e na paixão pelo terroir. Estamos muito longe dos faisões de criação hoje expostos na maioria dos balcões. O silvestre tem aquele gosto incomparável, forte, potente, e que às vezes incomoda. Mas é aí mesmo que está a promessa de uma delícia culinária a que nenhuma outra se iguala.

Manuseia-se o faisão com todas as técnicas de cozimento, de forma que é preparado de múltiplos modos. De preferência, deve-se escolher o faisão novo. Assado, cozido em panela, recheado, em terrina ou macerado horas a fio em vinho tinto, os hábeis *connaisseurs* sabem apreciar a sutileza de seu sabor e a delicadeza de sua carne.

Não é possível pensar nesse belo animal, sem imaginar um passeio no campo, uma coleta de cogumelos, uma cesta cheia de cogumelos girolles e cèpes, ou uma cesta de frutas

---

* A expressão significa "fazer com que o faisão saia de seu esconderijo". No caso, talvez, do esconderijo da memória. (N.T.)

com cassis e groselha. O cozinheiro vai buscar o melhor da estação unicamente para acompanhá-lo.

Durante uma temporada na Inglaterra, cozinhei para nossos amigos anglo-saxões, particularmente apreciadores dessa ave excepcional, um suprême de faisão tenro e gostoso, combinado com um molho de cranberries. Gosto que as coisas tenham sabor, o sabor do meu querido terroir e o sabor dos bons produtos.

far

Jacques Le Divellec
Chef do restaurante Le Divellec (Paris)

Existe o "far" de farol (em francês, *phare*), que alerta os navios sobre a presença de recifes e salva os marinheiros. É o emblema dos portos.

Existe o "far" de maquiagem (em francês, *fard*), que realça a beleza das mulheres. A exemplo do *farol* da costa, a *maquiagem* se torna mais ou menos visível, conforme a mulher, conforme a costa. Em ambos os casos, ela pode não ter o efeito desejado.

Existe o *far west*, uma terra com que sonhava toda uma juventude europeia. Era um *farol* que nos chamava de longe...

E, enfim, por trás de todos os seus homônimos, o "far" bretão. O nosso bolo.

A receita é o orgulho dos bretões. Nos batizados, nas primeiras comunhões, o far também se faz presente. É parte integrante de nossa cultura.

No Morbihan, de onde venho, adicionam-lhe obrigatoriamente ameixa-preta. Elas amaciam a textura do far. Mas, ao contrário do que se pensa a respeito do far, ele não é um bolo pesado, de difícil digestão. Quando bem feito, é quase leve. Tem de ficar dourado, da cor dos ovos que entram na massa. A superfície do far deve ficar dourada, às vezes um tanto queimada, como se o tivéssemos esquecido no forno.

Minha mãe e minha avó o faziam regularmente. Mais tarde, fui eu que me candidatei a prepará-lo para a família. Da primeira vez, eu tinha 10 anos. A textura do meu far estava mais para cimento. Minha avó correu para fazer outro. Foi assim que conheci o segredo do sucesso de um far: ter a mão leve ao adicionar a farinha!

favinhas

Bruno Cirino
Chef do restaurante L'Hostellerie Jérôme (La Turbie)

Na Provença, quando passeamos no inverno, avistamos as flores das favinhas numa curva do caminho, num canto de horta. Elas estão ali, sozinhas, enquanto o resto da natureza ainda está adormecido. Brancas e pretas, essas flores são muito peculiares, reconhecíveis ao primeiro olhar.

A favinha é nosso primeiro legume precoce. É de fato um legume de inverno, pois as primeiras surgem em dezembro. No entanto, em nosso imaginário provençal, elas já anunciam a primavera. Faz parte da tradição comer as primeiras favinhas "*à la croque au sel*", cruas como rabanete, apenas com sal grosso.

A favinha está boa até abril, depois disso fica dura. A exemplo da ervilha, ela é delicada e não resiste ao sol. Bastam alguns raios para amarelecê-la e ressecá-la. Na minha região, a alta temporada é fevereiro.

Na banca do produtor, pega-se a favinha a mancheias. Para saber como está por dentro, é preciso cheirá-la. Se tem aroma de capim cortado e o odor de verde é forte, então está perfeita. Se não tiver cheiro nenhum, é melhor seguir adiante.

Já, na cozinha, a favinha dá trabalho. Temos de descascá-la e tirar-lhe a pele. Para removê-la mais depressa, alguns costumam escaldá-la. Heresia! A favinha exige esforço. Gastar um tempo descascando-a a cru é uma necessidade que visa preservar-lhe toda a crocância e todo o perfume.

Para mim, a melhor combinação é uma colher de sopa de água numa panela, dois punhados de favinhas, três raminhos de segurelha. Um minuto de fogo, só o tempo para que o calor penetre nas favinhas. No final, adiciono um fio de azeite e parmesão ralado na hora. Sirvo essas "favinhas com segurelha" no restaurante, como prato único ou para acompanhar um cabrito assado; é uma combinação perfeita.

Mas não foi assim que descobri a favinha. Era a primavera de 1969, e Roger Lapierre estava no hotel real de Évian, onde eu trabalhava na época. Sua especialidade era uma sopa de lagosta, manjericão e favinhas. Tive a "revelação da favinha" no dia em que ele me fez saborear esse prato. Que sutileza!

figo

Jacques e Laurent Pourcel
Chefs do restaurante Le Jardin des Sens (Montpellier)

EXCERTO DE UMA ENTREVISTA COM JACQUES E LAURENT POURCEL
Os senhores podem descrever um sabor que lhes provoca uma emoção, uma lembrança, um estado particular?

Jacques e Laurent Pourcel – Tais sabores são comumente ligados a lembranças familiares, e quase sempre provocam uma volta ao passado.

Por exemplo, foi nosso avô que nos ensinou a gostar de figos. Ele havia plantado, no jardim da casa, dois belíssimos pés que produziam ótimos figos roxos durante todo o verão. Nosso avô adorava os figos bem maduros, curtidos pelo sol, fanados, quase secos. Ele nos fez gostar de figos, uma verdadeira alegria.

Hoje, quando os vemos, pensamos no nosso avô! Na verdade, temos a impressão de que a memória cria como que pequenas gavetas que encerram, cada uma, um gosto e uma lembrança; essas gavetas se abrem de acordo com os sabores, é a biblioteca da memória gustativa!

E aqui temos o figo apresentado numa receita de Jacques e Laurent Pourcel:

Ravióli de beterraba, aipo e figo, vieiras grelhadas, calda caramelizada de cenoura com cominho

Serve 6 pessoas

Ingredientes

6 belas vieiras

¼ de aipo-rábano

1 figo seco

2 figos frescos

½ maço de cebolinha

2 beterrabas grandes cruas

150 mL de creme de leite fresco

Calda caramelizada de cenoura

Vinagrete de beterraba

Suco de limão

Azeite

Descasque as beterrabas, corte-as, cruas, em fatias finas e deixe-as marinando no suco de limão com azeite e sal.

Reserve o suco que restar.

Corte, em brunoise, o figo seco e os frescos.

Corte o aipo-rábano em juliana, usando um cortador de legumes. Tempere com o creme de leite, o suco de limão e a cebolinha bem picada. Adicione sal e pimenta-do-reino, e depois os figos.

Ponha uma colher de sopa da mistura de aipo e figos sobre cada metade de fatia de beterraba. Dobre a outra metade da rodela sobre a mistura. Modele raviólis com um cortador de massas. Reserve.

Frite as vieiras no azeite. Arrume os raviólis no centro dos pratos e ponha as vieiras sobre eles.

Tempere com um fio de calda de cenoura e vinagrete de beterraba.

fogaça

Bruno Oger
Chef do restaurante La Villa des Lys (Mougins)

Chamada de *focaccia* na Itália, "fogaça", que designa um pão achatado, tem origem no termo latino *focacius panis*, que significa "pão assado sob as cinzas". A fogaça é, sem dúvida alguma, um dos produtos que melhor representam a imagem do terroir provençal.

De origem bastante controvertida, a fogaça sabe dar o que falar. Alguns acham que, no início, era chamada "bomba", pois seu primeiro uso foi o de adicionar farinha ao lagar de azeite para "bombear" os restos de óleo. Já outros dizem que um certo Comandante Fogaça a adorava. Quanto a mim, prefiro acreditar na história que me contava a minha avó: todas as manhãs, para verificar se o forno a lenha estava quente o bastante, o padeiro fazia um teste, assando um pedaço de massa chamado fogaça antes de enfornar o pão. Para não desperdiçar esse primeiro assado e compartilhar um momento de convívio, os padeiros e os aprendizes degustavam a fogaça como merenda matinal, acrescentando-lhe azeitonas, tomates secos e outros produtos da Provença.

O que torna rica a fogaça são os produtos da terra colocados na superfície ou misturados à preparação. Todas as padarias provençais oferecem fogaças com azeite, anis, anchovas, azeitonas e outros produtos. Sua forma curiosa varia de acordo com o padeiro que as prepara: enquanto algumas são redondas, outras são entrelaçadas ou parecem escadas.

Se a fogaça mais famosa é a salgada, não se deve esquecer a que se degusta ao final da refeição e que deixa uma nota açucarada em nossas papilas. Mas essa não faz parte das terras provençais, pois é uma especialidade do Aubrac aveyronês e lozeriano.

Degusta-se a fogaça provençal o ano todo, mas os provençais preferem saboreá-la na noite de Natal. A gastronomia ocupa um lugar importante no coração dos provençais, que consideram que os produtos da terra, e notadamente a fogaça, constituem parte integrante de seu patrimônio.

foie gras

Hélène Darroze
Chef do restaurante Hélène Darroze (Paris)

Antes de mais nada, o foie gras, sinônimo de festas e símbolo da gastronomia francesa, é, para mim, um produto ligado à minha vida e às minhas recordações. A cada degustação, ele traz o aroma da minha infância nas Landes, onde nasci, relembra-me das manhãs que passei em companhia de meu avô Jean no mercado de animais gordos de Villeneuve-de-Marsan, minha cidadezinha natal. Lá, estendiam o tapete vermelho para meu avô, que, como chef, consagrara a cozinha das Landes, e era então cognominado o rei Jean.

Ainda me lembro daquele odor suave e singular, um pouco amargo também, e principalmente da alegria e do orgulho que eu sentia diante daquele avô, chef tão elogiado e respeitado, apalpando magrets e escolhendo foies gras.

Costumam dizer que me pareço com ele: que elogio e, principalmente, que alegria! Desde a minha mais tenra infância, ele me incutiu a arte do bem viver e, acima de tudo, a arte do comer bem.

Degustar o foie gras não é apenas apreciar-lhe o sabor e os aromas, é deixar-se invadir pelas emoções. Falo até mesmo de certo gozo, como quando, em pequena, eu mergulhava as mãos no pote de banha produzida por esse animal tão excepcional que é o pato gordo; ou quando, com a ponta do dedo, eu roçava a carne tão especial do lobo de foie gras. Aliás, é dessa maneira que avalio a qualidade de um fígado: quando o correr do meu dedo se detém por alguns grânulos, rejeito-o; ao contrário, quando, ao apertar levemente o topo do lobo, a carne for macia, se a cor for de um amarelo-ouro, compro-o imediatamente.

Depois então... quente, frio... marinado cru, em terrina, em confit, grelhado, poché, levemente frito... esse produto tem a virtude de adaptar-se a tantas formas de cozimento, de combinar com tantos outros sabores e de agradar a tantos paladares! Para mim, ele é a própria expressão da cozinha: uma história de paixão, de amor, de respeito. A minha madalena de Proust.

frutas cítricas

Antoine Heerah
Chef do restaurante Le Chamarré Montmartre (Paris)

FRUTAS CÍTRICAS: UM UNIVERSO NÃO TOTALMENTE EXPLORADO

Pensamos em toranja, laranja, tangerina... Mas, na verdade, atualmente são recenseadas no mundo cerca de 2.700

cítricos diferentes! As poucas variedades que encontramos nos supermercados foram desenvolvidas no século passado e ilustram perfeitamente a padronização do gosto. Como cozinheiro, quero trazer à tona a parte imersa do *iceberg* chamado "frutas cítricas".

Concebo as frutas cítricas como um universo inteiro à parte: encontramos o amargo, o azedo, o frutado, o floral, o iodado, o mineral.

O iodado está oculto na *cidra vermelha*. Sua casca tem um aroma de fruto do mar. É espantoso. Quanto ao floral, é encontrado quando raspamos a pele do *limão-caviar longo* ou do *limão kaffir*. Exalam, então, aromas explosivos de citronela e gengibre.

Quanto mais vou avançando em cozinha, mais eu tento falar sobre os produtos. Para tanto, são necessários suportes: são os artesãos que trabalham no preparo. E é por causa dos cítricos que vou encontrar-me com os Bachès. Bénédicte e Michel são precursores em sua maneira de perceber o mundo. Para ambos, o sabor uniforme é uma aberração. A eles interessam os cítricos que os outros recusam e que lhes permitem expressar-se de outro modo. Atualmente, eles cultivam 850 variedades, das quais, a cada ano, adiciono 20 novas em minha cozinha.

Os clientes estão prontos para o amargo, já não querem coisas formatadas. Estão atentos a tudo, e erros de sabores lhes saltam nas papilas. Com os cítricos, espero fazê-los sentir uma emoção que não encontram em outros lugares. Eu poderia também escrever: que não se encontra mais em outros lugares.

De fato, a cozinha francesa usou muito as bases ácidas e amargas, como no molho maltês, no cozido provençal ou no pato com laranja. Essas notas trazem sempre uma complexidade aos pratos, acentuam-lhes o sabor e permitem-lhes combinar-se perfeitamente com grandes vinhos. Apenas por essas razões, é tempo de (re)colocar as frutas cítricas no lugar que lhes cabe!

garbure

Yves Camdeborde
Chef do restaurante Le Comptoir du Relais (Paris)

PARA FAZER UMA GARBURE BEARNESA
(Em homenagem a Jacques Prévert)
    Pegue primeiro uma boa panela
    Com água fervente e sal
    Depois, o que pegar?
    Algumas colheres de banha de ganso
    Algumas boas cebolas e alguns dentes de alho
    Um belo osso de presunto e um joelho de porco
    Algumas cenouras e alhos-porós picados
    Para o repolho e para o feijão, espere um mais pouco.
    Ponha a panela no fogo

E espere uma hora
Calado?
Imóvel...
Às vezes o odor sobe logo
Mas também pode demorar um pouco
Antes de se decidir?
Não se desanime.
Quando o repolho esquentar
Espere mais uma hora
E junte o confit de pato.
Coxas, pescoço e moelas
Como você quiser
Quando a panela cantar
É bom sinal
Sinal de que você pode
Ir para a mesa.

gargouillou

Michel Bras
Chef do restaurante Bras Laguiole (Laguiole)

Durante minhas longas corridas, desenvolvi uma nova relação com a natureza. A prática da corrida a pé, de mais de trinta anos, me abriu esse universo insólito.

Correr naqueles grandes espaços me proporciona um bem-estar em que tudo flui. Uma forma de ser arrebatado a registros de sensações insuspeitadas. As mulheres e os homens que praticam intensamente a corrida a pé vão me compreender. Meu alimento é o Aubrac, aquele lugar onde mora o silêncio, saturado de luz. São os ciclos imutáveis, incansavelmente renovados. É essa relação de cada instante com o maravilhar-se. Sons, cores, odores, onde tudo é belo e bom. Naqueles momentos, descubro, acolho, recolho uma infinidade de visões.

O gargouillou surgiu numa dessas "viagens interiores". Imaginado num mês de junho, quando as pastagens vicejam, inundadas por uma miríade de flores e perfumes. Quando uma leve brisa do Norte o anima de sons e passeia os perfumes ao léu. Quando as arquiteturas das flores, das hastes, das frutas, as esculturas dos ramos tocam a imaginação.

Essa criação é fruto da maturidade do homem e do cozinheiro. Concebo-o como uma técnica brilhante, um virtuosismo com o qual estou totalmente em sintonia, do meu mais íntimo ao meu mais agudo sentido da gula.

Mas, se cada um tem sua escrita, cada um pode ter sua própria leitura desse pasto verdejante do Aubrac. Assim, também o gargouillou, verdadeiro fogo de artifício sempre renovado, oferece inumeráveis aberturas.

É, a um só tempo: paletas de legumes, flores e sementes ritmadas pelos "niacs"; trecho de música pontuado de tempo; quadro de cores, de arquiteturas... Uma miscelânea marcada de liberdade que se captura com o olhar, se colhe, se morde, se funde... Um hino à estação. Com seus legumes nem desnaturados nem desfigurados, com seus componentes cheios de vitalidade, o gargouillou respira vida.

Na tradição, o nome "gargouillou", originário do patrimônio auvérnio, designava um prato de batatas molhado com água e adornado com uma fatia de presunto montanhês. A musicalidade desse nome, o meu amor pela horta, a minha fascinação pela natureza me guiaram para essa interpretação.

gastronomia

Alain Bauer
Gastrônomo

Por trás dessa palavra, o que vem primeiro é um aroma de comida. As papilas despertam. De imediato imaginamos um banquete, iguarias delicadas, uma lembrança de prazer, uma nostalgia do melhor da cozinha da família ou uma excepcional descoberta num restaurante.

O termo vem do grego, *gaster*, "ventre", e de *nomos*, "regra": gastronomia é, etimologicamente, "a arte de regrar o estômago".

Seu primeiro profeta teria sido o grego Arquestrato de Siracusa, que viveu no século IV a.C. e que publicou uma obra em forma de poema épico dividido em cinco partes: *Gastronomia, Gastrologia* (discurso sobre o estômago), *Opsopeia* (pão e alimento), *Deipnologia* (estudo do jantar) e *Hedipateia* (guloseimas), em que relata uma viagem gastronômica pelo Mediterrâneo.

O sentido do derivado "gastrônomo" foi estabelecido por Brillat-Savarin, que forneceu, em sua *Fisiologia do gosto* (1825), uma definição geral: "A gastronomia é o conhecimento racional de tudo o que se relaciona ao homem enquanto se nutre. Seu objetivo é zelar pela conservação dos homens".

A gastronomia está, pois, na encruzilhada entre o sonho e a necessidade, um espaço de alegria entre necessidade de comer para viver, desejo do melhor e prazer da mesa, não raro em grupo. Reúne epicuristas, com frequência elitistas, técnicos e apreciadores de todas as condições.

Paradoxalmente, se o luxo encobre muitas vezes a noção de gastronomia, filósofos ("gastrósofos", conforme a bela expressão de Fourier) quiseram dar a cada um a possibilidade de encontrar o melhor produto em condições acessíveis. Uma luta retomada hoje em dia por chefs ou críticos como Marc de Champérard, com sua *Grande cuisine pour tous* (2010).

Hoje, na França, país que criou uma verdadeira arte da mesa, a gastronomia está em uma encruzilhada de culturas, entre "world cuisine" , "fusão", "molecular" e retorno à tradição revisitada. Essa diversidade não cria uma identidade, mas uma liberdade de escolha que precisa preservar técnicas que salvem o verdadeiro gosto e permitam valorizar mais o produto do que o cozinheiro.

gastrônomo

Claude Bébéar
Gastrônomo

Maurice instala-se à mesa. Desdobra o guardanapo e o põe sobre os joelhos, seu rosto se descontrai e um sorriso lhe aflora nos lábios, ele deixa seu olhar feliz e calmo vagar de mesa em mesa, sem deter-se: Maurice vai almoçar. O que poderia ser hoje?

Uma refeição baseada nos vinhos que ele deseja, ou adaptar os vinhos aos pratos que lhe acaba de recomendar o chef, a quem, evidentemente, ele foi, como sempre, dar um alô dizendo "então, chef, o que me aconselha?"

Veja! Por que não lagostim regado com um beaune branco? Há muito que ele não o degusta, e seria uma iguaria perfeita para acompanhar o Clos de l'Arlot branco 2005, cuja riqueza e opulência da fruta madura muito o encantaram. Ele adora aqueles raros Nuits-Saint-Georges brancos que, é verdade, não têm a plenitude dos Montrachet, mas cujos aromas florais quando são novos e de frutas exóticas na maturidade sempre o maravilham.

Na sequência, Maurice quer deixar a Borgonha. Hesita entre a calidez de um Ermitage ou de um Chapoutier e o potente rigor de um Pauillac. O pombo de panela recomendado pelo chef tenta-o, então, a seguir rumo ao Sudoeste. E por que não um Pichon 97, que, embora tenha decepcionado um ano, agora está delicioso, sedoso, longo na boca, com aromas de musgos que combinarão perfeitamente com os cogumelos cèpes que acompanham o pombo?

Queijo? Sobremesa? Não. Maurice continua sendo racional.

Ele não é um daqueles apontados por Brillat-Savarin ao falar dos "glutões cujo estômago é um poço sem fundo e que comem tudo e de tudo, seja lá onde for".

Maurice é um gastrônomo, um amante da boa mesa que conhece a arte de comer bem; um homem de bom gosto, paladar apurado, refinado, que não "come", mas almoça, janta e, às vezes, ceia após o espetáculo.

geleia

Éric Briffard
Chef do restaurante Le V (Paris)

De imediato, pensamos na famosa canção do grupo Frères Jacques, "La confiture", cujos primeiros versos dizem que a geleia escorre pelas mãos.

Mais do que "escorrer", a geleia me traz à mente tantas recordações de infância, uma guloseima, por excelência, que minha avó fazia num tacho de cobre com belas frutas colhidas a mão durante as temporadas no pomar da família.

Cada gourmand tem em suas lembranças uma receita guardada como herança, mas a "verdadeira" geleia (de acordo com a regulamentação em vigor) deve conter, no mínimo, 60% de açúcar depois de pronta e 45% de açúcar para uma geleia mais leve.

O açúcar de cana e o de beterraba usados hoje não estavam presentes na geleia tal qual fora introduzida na Europa durante a Idade Média, por intermédio das Cruzadas.

Desde a Antiguidade, usavam-se mel e açúcar de uva para conservar pedaços de frutas.

Hoje em dia, cada região da França tem suas especialidades – a lista é longa –, mas fazer as próprias geleias em casa, com os filhos, é um real prazer que está voltando à moda.

Durante o verão, as bancas das feiras ficam lotadas de frutas maduras, perfumadas e cheias de açúcar. É o momento de preparar diferentes geleias ao sabor da nossa vontade e da nossa imaginação.

A seguir, algumas ideias de frutas para fazer geleia, a qual podemos incrementar com especiarias (baunilha, canela, cardamomo, pimenta-do-reino, alcaçuz...), ervas aromáticas (gengibre, louro, amêndoa amarga...) ou álcool (rum, quirche, gewurztraminer...).

Framboesa, morango, damasco, ameixa mirabela, ameixa Rainha Cláudia, cassis, cereja preta, marmelo, tomate verde, pimentão, ruibarbo, laranja, pêssego, figo, groselha, uva, frutinhas do sabugueiro, pétalas de rosa, violeta, rosa-canina...

É surpreendente redescobrir o gosto de uma geleia caseira: um pouco de trabalho para ter muito prazer durante o ano todo, nas fatias de pão, num rocambole (minha primeira receita), numa rabanada, em crepes ou simplesmente ao natural, na colher, por pura gulodice.

gosto / paladar

Marc de Champérard
Presidente do Guide Champérard (Suresnes)

"É pelo gosto que distinguimos o que é agradável e o que é desagradável nos alimentos, de modo a continuar a busca de um e evitar o outro e, de maneira geral, o sabor é uma qualidade do nutritivo", escreveu Aristóteles.

Alguns séculos antes da nossa era, quando a filosofia veio à luz e, com ela, nosso mundo moderno e nossa visão da existência, o Estagirita associava o prazer à própria noção de gosto.

Aquilo que tem bom gosto é o que me dá prazer, e o que tem mau gosto é o que me desagrada, portanto uma forma de mal-estar gustativo.

Aquilo de que eu gosto, e que para mim tem bom gosto, talvez vá provocar repulsa em meu vizinho. Mesmo que os psicólogos possam, é claro, influenciar o gosto (ver Jean-Paul

Sartre a respeito do mole e do viscoso, em *O ser e o nada* – 1943).

Daí conclui-se que o gosto, enquanto bom ou ruim, não existe; é uma etapa que devo transpor definitivamente. O gosto é somente um dos cinco sentidos que me permitem construir-me.

É evidente que as influências são múltiplas. O meio social no qual evoluo, as experiências que tive na minha primeira infância... a lista é longa.

Isso me faz lembrar um cozinheiro simplório, perdido num vilarejo do Auvergne que me disse de chofre: "Estou vindo do restaurante de Senderens, onde comi um foie gras com repolho, é um escândalo, custa dez vezes mais do que no meu restaurante, servem dez vezes menos e ele nem é melhor". O cara tinha razão, pois é o seu gosto, bem como os do seu mundo, que se regalam e que enchem o seu restaurante.

É claro, os dois restaurantes figuram no meu guia.

Então, uma vez que o gosto não existe, como é possível fazer um guia?

Falemos daquilo que é objetivo: um bife que foi pedido "bem malpassado" não deve ser servido bem frito. É uma unanimidade pensar que os tomates plantados direto no solo são mais interessantes que os produzidos em estufa.

E se um bom restaurante fosse aquele que deixasse em nós e na maioria das pessoas uma lembrança inesquecível?

E se um verdadeiro grande chef for aquele que faz escola e forma discípulos que, por sua vez, vão brilhar?

Platão formou Aristóteles. O que é verdade para o pensamento também é verdade para o gosto e, portanto, para o corpo. Porque o corpo e o espírito são um, influenciam-se mutuamente num monismo, fonte infinita de livre prazer.

E quando os outros os acusarem de mau gosto, joguem-lhes na cara o aforismo de Jules Renard: "Não respondo que tenho gosto, e sim que tenho uma repugnância muito clara".

É também o meu caso, eu, que devoro morangos Tagada, que à noite bebo um copo de Cola que preparo com o meu Club Soda e que, há mais de vinte anos, tenho como amigo muito querido, e mais recentemente como sócio, um parente de Sarkozy. Vejam até que ponto meu mau gosto não tem limites!

E uma vez que, em se tratando de gosto, a matéria sempre triunfa, deixem-me concluir com Epicuro: "A raiz de todo bem é o prazer do ventre".

grattons

Nicolas Le Bec
Chef do restaurante Nicolas Le Bec (Lyon)

Quando pensamos em grattons, nos imaginamos imediatamente no mercado de Lyon, com os amigos, numa tranquilidade aconchegante.

Mesmo não existindo apenas na região lionesa, não deixam de ser um verdadeiro símbolo da vida e da cultura alimentar daquela região... Pertencem àquela família de produtos com nomes evocativos, que constituem toda a poesia da gastronomia tradicional lionesa. Em Lyon, os grattons são retalhos de gordura e de carne de porco fritos lentamente... uma verdadeira receita contra a esbeltez! Por serem feitos com retalhos, rende muitos pedacinhos, que são mordiscados com os dedos.

Trata-se de um verdadeiro petisco de outrora, daqueles dos bistrôs frequentados pelos operários das tecelagens. Reza a tradição que os *gones* (meninos da região) os mordiscam principalmente pela manhã, em volta de um mâchon, como dizem em Lyon (prato de carne suína, grattons, etc., acompanhado, por exemplo, de um "républicain": creme de cassis e beaujolais). Até hoje, eles contam com a aprovação de muitos lioneses apegados a seus produtos.

Atualmente, para descobrir a capital das Gálias e seus produtos tradicionais, é indispensável fazer a experiência da degustação dos grattons! Evidentemente, a degustação matinal não é obrigatória para o principiante, e é possível acompanhá-la de salada para ajudar a apreciá-la: hoje, não se tem mais o hábito de consumir esses retalhinhos preparados, pouco nobres e muito gordurosos.

E, quando se fala de grattons, é obrigatório prestar uma homenagem aos artesãos do mercado, como Colette Sibilia, a rainha da carne de porco, que perpetua com orgulho a tradição dos grattons entre outras receitas tradicionais.

hortulana

Jean Coussau
Chef do restaurante Le Relais de la Poste (Magescq)

Um ato de Luís XI permitiu que os habitantes de uma região desértica, hoje denominada Landes, caçassem as aves de arribação, para que lhes servissem de alimento durante os períodos de inverno: nascia assim a caça à hortulana.

A hortulana, ave de nome mítico, é um pássaro migratório da família dos passeriformes.

É capturada ilesa em uma armadilha muito simples, a mesma que era usada pelos caçadores da Idade Média. Em seguida, um passarinheiro habilidoso prende-a numa gaiola, em lugar escuro, onde é alimentada à saciedade com sementes de milhete e alpiste durante 21 dias.

Depois de bem cevada e gorda, algumas gotas de armanhaque vêm suavizar seus últimos instantes de vida. Mãos hábeis – na maioria das vezes com dedos de fada – vão depenar, com grande delicadeza, aquela bolinha de gordura.

Só resta degustar a hortulana, que será preparada numa panela pequena, temperada apenas com sal, a fim de preservar a delicadeza da gordura.

Com a proteção de um bom guardanapo, por razões de polidez, a ave deverá ser saboreada num só bocado e o mais quente possível. Deverá também ser mastigada durante um bom tempo, para que todos os sabores se misturem.

Se a hortulana tiver sido alimentada conforme as regras, ela deixará na boca um gosto de avelãs, de foie gras misturado com uma ponta de trufa.

Um gole de Jurançon doce levará ao auge do prazer.

hure

Gilles Goujon
Chef do restaurante L'Auberge du Vieux Puits
(Fontjoncouse)

A hure, patê de cabeça de javali, é uma iguaria de caçadores.

Os javalis são caçados no inverno. Os homens saem cedo. Finda a caçada, eles repartem o seu produto. Quanto ao javali, cada caçador recebe a sua parte. O picador, que seguiu os rastros do animal, tem direito a um belo pedaço, o fígado. Depois, um pernil para este, uma paleta para aquele, mas com cabeça, o caçador raramente sabe o que fazer... A menos que tenha um amigo cozinheiro.

No que me diz respeito, tenho um amigo caçador. Ocorre a ele de me trazer aquela famosa cabeça de javali. Larga, imponente, vou precisar das minhas panelas grandes para cozinhar a bela como se deve. Durante longo tempo, a cabeça inteira vai sendo cozida lentamente em seu caldo. Depois, ela simplesmente se desmancha. Por sua vez, o caldo, coado, vai-se reduzindo brandamente sobre a chama. Numa terrina grande, ponho um pouco da bochecha do javali, um pouco da língua e todos os outros pedaços muito macios, um pouco de salsa, algumas voltas do moedor de pimenta-do-reino, alguns pedaços de legumes que adicionei ao cozimento e despejo o caldo. Ao esfriar, o caldo se transforma em geleia, envolvendo a carne num delicioso patê.

No dia seguinte, o amigo caçador e o amigo cozinheiro passam à mesa. Uma garrafa de vinho tinto, pão torrado e o patê de cabeça de javali. A hure representa aquela mesa entre amigos, aquele convívio amistoso. O tempo de um momento para si, longe do restaurante.

Mas nada impede de levar a hure para dentro do restaurante! Então, será preciso apenas civilizá-la um pouco. Imagino-a como tira-gosto. Num copo de vodca, com alcaparras e cornichons, um pouco de salsa. A hure seria cortada em cubinhos, elegante. No último instante, eu adicionaria um toque de acidez, um vinagrete emulsionado. Talvez essa apresentação, mais urbana, pudesse seduzir até mesmo as mulheres... Quem sabe?

kouign amann

Jacques Thorel
Chef do restaurante L'Auberge Bretonne (La Roche-Bernard)

O kouign amann é uma preparação que tem ao mesmo tempo as características dos pães e das pâtisseries.

Originalmente, retirava-se um pouco da massa de pão a ser assada e adicionava-se a ela manteiga salgada e açúcar. Logo depois que os pães eram assados, levava-se a guloseima ao mesmo forno, que já estava menos quente. Esse cozimento em forno brando resultava num kouign amann que era a alegria das crianças. No final do século XIX, um confeiteiro de Douarnenez teve a ideia de fazê-lo como folhado, o que lhe deu uma textura e um sabor mais agradável ainda.

Pela magia de múltiplos dobramentos, o kouign amann torna-se uma verdadeira delícia, ao mesmo tempo crocante e macia, e umedecida pela manteiga.

É recomendado degustar o kouign amann de estômago leve, a fim de saborear todas as suas nuances e sutilezas.

Hoje em dia, as regras da dietética classificarão o kouign amann como alimento nocivo à saúde, mas, consumido com moderação, continua sendo um dos grandes clássicos da gastronomia bretã.

lagosta

Antony Clémot
Chef do restaurante Drouant (Paris)

Ah, a lagosta... Que "bichinho" mágico para um cozinheiro! Estilosa, misteriosa, elegante... impressionante!

Tenho de confessar uma fascinação antiga por esse "bichinho": a vida inteira vou lembrar-me quando meu chef, na época, voltava do mercado. Nós, jovens "aprendizes", tínhamos de descarregar a velha caminhonete cheia até não poder mais. E havia, então, um momento especial: a abertura daquela famosa caixa de poliestireno na qual estavam "escondidas" as lagostas. Breve instante de encantamento! Depois, bem rápido: "Ei, garoto, leve já para a geladeira! Um dia, você vai ser capaz de cozinhá-las. São uma preciosidade!".

É isso, "preciosidade", essa palavra diz tudo. Preciosidade porque sua carne é delicadíssima, porque ela deve ser cozida de maneira simples e reverente, porque seu gosto faz lembrar o frescor do belo litoral bretão. Numa palavra, a lagosta simplesmente assada é, para mim, uma das melhores maneiras de valorizá-la.

Esse crustáceo ocupa um lugar importante nas cozinhas francesas. Nós, cozinheiros, sabemos que é, na maioria das vezes, um prato associado a algo excepcional, uma festa, uma refeição compartilhada entre familiares...

Ela adquiriu sua reputação no final do século XVIII, com a famosa "termidor", receita criada em homenagem à peça de teatro de mesmo nome em 1791. A receita é simples, deve-se começar cortando a lagosta ao meio, no sentido do comprimento, aliás, é engraçado, numa época em que a grande moda era cortar a cabeça dos nobres.

Na verdade, o que me encanta realmente na lagosta são as múltiplas possibilidades de cozinhá-la sem ter de recorrer a excentricidades. Agora, uma piscadela para um dos nossos caros clientes que, assim espero, se reconhecerá nestas breves linhas: "tagliatelle na manteiga com sal, lagosta sem casca, sumo acidulado e algumas belas ervas frescas picadas". Simples assim...

Concluindo, não resisto à tentação de citar Jean Yanne: "Não é preciso ser louco para criar a lagosta? Deus deve ter se dado conta de sua tolice, e foi por isso que criou o homem; feita a tolice, ele disse a si mesmo: 'Ora essa! Agora tenho de criar alguma coisa que coma a lagosta'".

legumes

Benoît Witz
Chef do restaurante L'Abbaye de La Celle (La Celle-en-Provence)

Olhe para os legumes sobre a mesa de serviço, recém-trazidos da horta: eles lhe dirão qual é a estação do ano.

Ervas-doces, tomates em profusão, pepinos, berinjelas, pimentões: é o verão! Os legumes são colhidos, e alguns deles logo consumidos para saciar a fome e a sede do horticultor.

Batatas, cenouras, escarolas, cardos... É o fim do outono, e o inverno está chegando. Rigoroso, ele espera que o aqueçamos com legumes cozidos num suco quentinho.

Rabanetes, cenouras novas e tenras, pequenas alcachofras, alho novo, aspargos... A primavera está de volta. Inegavelmente, essa é a minha estação preferida em matéria de legumes. Gosto de ir descobri-los na horta da abadia, bem cedo, quando as gotas de orvalho ainda brilham nas ramas dos rabanetes.

Para mim, ter uma horta perto do restaurante já não é apenas um luxo, tornou-se quase uma necessidade. Compreender o trabalho do horticultor, reconhecer os diferentes legumes, suas múltiplas variedades são aspectos fundamentais do meu trabalho.

Na Abadia de la Celle, nós mesmos vamos buscar os nossos legumes, e é assim que aprendemos a respeitá-los desde a horta. Nós os colhemos "na fresca", deixamos algumas flores de abobrinhas para que as abelhas possam visitá-las e, assim, assegurar a reprodução, e manuseamos com delicadeza cada legume, a fim de evitar que se machuquem.

Essa delicadeza continua sendo a palavra de ordem em culinária quando preparo os meus legumes. Constituídos em grande parte de água, não suportam ser maltratados! Conforme o legume, é preciso levar um tempo para limpá-lo, cortar-lhe as raízes, reservar algumas folhas, retirar-lhe a pele e as sementes. Depois, cada legume pode ser cozido de múltiplas maneiras. O tomate, por exemplo, é cortado simplesmente em finas fatias para uma salada, mas pode também ser seco, assado, espremido em suco... O mais importante, a meu ver, é respeitar cada legume, sua estação, seu terroir.

Inverter os valores e imaginar o legume como prato, e não como simples guarnição, é uma bela maneira de respeitá-lo. Ocorre-me propor um menu todo de legumes. É um jogo complexo para o cozinheiro, mas tão estimulante!

Diante de certos legumes, o principiante desvia o olhar. Um tomate não suficientemente redondo, uma cenoura amarela, um tupinambor retorcido... Que pena dar as costas a essas maravilhas quase desconhecidas! Desde que a ocasião se apresente, tento revelar todas essas surpreendentes variedades, bem como as diferentes formas de consumir as mais conhecidas, principalmente às crianças. São elas que amanhã irão cozinhar os legumes que cultivamos.

lentilhas

François Gagnaire
Chef do hotel restaurante François Gagnaire
(Le Puy-en-Velay)

A lentilha pertence à grande família botânica das leguminosas, que reúnem cerca de 13.500 espécies distribuídas em 650 gêneros. Foi um dos primeiros legumes secos a serem consumidos e cultivados pelos homens.

Todas as lentilhas pertencem à espécie *Lens culinaris*. Entre as variedades mais comuns, podem-se citar:

> » *a verde*, tem ótimo cozimento e um gosto delicado, que lembra um pouco a avelã;
> » *a amarela*, embora maior que a lentilha verde, seu cozimento não é tão bom quanto o dela, além do que é um pouco menos saborosa;
> » *a lentilha da Champanha*, tem o aspecto rosado e sabor um tanto adocicado;
> » *a vermelha, ou coral*, de gosto delicado e agradável, tem uma bela cor rosa-salmão que dá vida aos pratos;
> » *a marrom*, usada essencialmente em conservas.

Durante muito tempo, a lentilha foi considerada "a comida do pobre" e usada para dar consistência aos pratos cozidos lentamente; mas recentemente voltou ter boa acolhida na culinária. Ela agrada pela variedade, pela facilidade de uso e pela rapidez de cozimento. Além disso, é rica em elementos nutritivos, particularmente em proteínas. Também fornece fibras e sais minerais.

A variedade mais renomada é a lentilha verde, cujo berço se encontra na cidade de Puy-en-Velay. De origem mediterrânea, aclimatou-se bem na região do Alto Loire, de montanhas de altura mediana e terras vulcânicas vermelhas. De fato, a lentilha verde do Puy, cultivada nos planaltos do Velay, é favorecida por um microclima e por solos que lhe conferem um caráter único e qualidades gastronômicas particulares: sofre com o frio no início do crescimento, mas é beneficiada por uma excepcional insolação na fase de maturação.

No decorrer dos séculos, gerações de agricultores da região aperfeiçoaram suas técnicas, a fim de garantir uma qualidade irrepreensível à "sua" lentilha. Ela adquiriu grande notoriedade e é, desde 7 de agosto de 1996, o primeiro legume seco a usufruir de uma denominação de origem controlada.

Definitivamente orientada para um futuro gastronômico tão sedutor quanto os ilustres pratos de outrora, como o "lardo salgado com lentilhas", a lentilha é um legume preferido pelas famílias e também pelos mais renomados chefs.

Como sou ligado à minha terra, tenho particular predileção pela lentilha da minha região. Ela me oferece inúmeras possibilidades culinárias: aperitivo (tuiles), entrada (gaspacho acompanhado de mariscos e condimentos), prato, guarnição, sorvete, iogurte, sobremesa (torta doce)...

Minha última criação: o "Caviar du Velay"®, servido em lata numa geleia de crustáceos e acompanhado de blini de farinha de lentilha.

limão

Mauro Colagreco
Chef do restaurante Le Mirazur (Menton)

Fruto do limoeiro, cuja origem é asiática, essa fruta cítrica, símbolo de Menton, a cidade onde moro, está intimamente ligada à minha história como chef independente.

De fato, foi passeando no pomar de frutas cítricas, no mesmo lugar onde outrora eu servia a melhor limonada artesanal de Menton, que tive a ideia de decidir permanecer lá e enfrentar a mais difícil aposta de minha carreira: (re)abrir um restaurante abandonado havia dois anos. Uma lembrança que permanece sempre ligada às flores brancas e perfumadas daquelas árvores de que desfruto praticamente durante o ano inteiro.

Meu pomar é bastante grande: é ali onde planto muitos legumes e onde tenho o prazer de colher, com as próprias mãos, as ervas aromáticas e as flores silvestres que nascem entre os limoeiros, em plena natureza mediterrânea. É ali, onde se mesclam as fragrâncias, que se encontra a minha fonte de inspiração. Momento de quietude privilegiado, para entrar em contato com a terra e me relaxar, para ficar no estado de espírito de que necessito para criar. Posso afirmar, com segurança, que meu estúdio de criação começa em meio aos limoeiros e continua na minha cozinha.

Evidentemente, o limão também é a Festa do Limão, organizada todos os anos com sucesso e generosamente apoiada por toda a comunidade de Menton: adoro as cores, as formas, as arquiteturas fantásticas confeccionadas com frutas cítricas, e a extraordinária beleza dos jardins da cidade, que faz dessa celebração uma festa da natureza.

Mas o limão também está presente no recôndito de minha memória, com sua casca de um amarelo brilhante e acetinado, em minhas lembranças da infância, na casa de meus avós com seu belo limoeiro de produção perene e o sabor todo particular do chá de limão que minha avó preparava e que todos nós compartilhávamos após o jantar. Aquele chá único e delicioso é o gosto inigualável da minha infância, da família reunida, das aventuras e fantasias vividas com um sabor de férias perenes.

E eis que, permanecendo em minha memória, o limão entrou na minha cozinha. E fico sempre admirado com essa fruta inesgotável, que passeia entre bebidas e coquetéis, azeites e vinagres, carnes e legumes, sorvetes e bolos, trazendo um toque de magia e muita generosidade, pois ele nos oferece seus aromas, desde as raspas de seu zesto até o suco e toda a sua polpa.

Enfim, é uma questão de imaginação, de equilíbrio e uma soma de constantes, um pouco à maneira dos pintores com sua paleta. Só para apresentar um pequeno exemplo: uma geleia de limão servida sozinha pode ser desagradável, mas com um foie gras vai dar realce ao prato e valorizá-lo.

Loiseau

Dominique Loiseau
Proprietária do Grupo Bernard Loiseau (Saulieu)

Bernard Loiseau foi um grande cozinheiro, um dos mais populares chefs da França (juntamente com Paul Bocuse, mais velho). E continua a ser um dos mais amados, como atestam os clientes que afluem ao Relais Bernard Loiseau, na Borgonha.

Tive a sorte de ser sua esposa e de trabalhar com ele durante quinze anos. Uma experiência inebriante, nem sempre fácil, como grande perfeccionista que era, mas que deixou em mim uma indelével marca.

Bernard acreditava, com cada fibra de seu corpo, que a profissão de cozinheiro era a mais bela do mundo. Já na juventude, decidiu empreender todos os esforços para ter acesso ao mais alto nível. Quanto à sua culinária, ele logo compreendeu que ela deveria ser simples, colocando a pureza do gosto acima de tudo. Já a partir dos anos 1980, aboliu o uso do creme e da farinha de trigo nos molhos (a imprensa falou abusivamente de uma "cozinha de água") e reduziu significativamente o açúcar das sobremesas. Na época, isso agradou...

Bernard nunca sofreu influências diversas (não gostava de viajar nem de consultar livros de culinária) nem seguiu as modas. Tinha o seu estilo próprio, fundamentado com frequência em emoções da infância ou nas que são propiciadas pela potência de um sabor. Aliás, eu pergunto a mim mesma se o que mais o apaixonava era a cozinha ou o gozo da degustação, pois ele era, acima de tudo, um paladar. Atualmente, é graças a esse estilo que Patrick Bertron, seu assistente durante 21 anos, pode, por um lado, perpetuar perfeitamente suas receitas e, por outro, incrementar nosso cardápio com criações que são recompensadas com as mais altas distinções.

Bernard tinha também alma de albergueiro. Passava muito tempo discutindo com os clientes. Queria que reinasse em sua pousada uma atmosfera descontraída e amigável. Na verdade, tudo devia ser marcado pela autenticidade, fosse na cozinha, na recepção ou no cenário de uma aldeia que ele embelezou até transformá-la num dos mais belos Relais & Châteaux. Luxo nunca, excelência sempre.

Para mim, o que também é único em Bernard Loiseau é que, depois de sua morte, ele conseguiu reunir em torno de sua obra tanto as suas equipes quanto os seus clientes!

lombo de coelho

David Van Laer
Chef

O LOMBO DE COELHO OU A APOTEOSE DO COZINHEIRO...

Ninguém desconfia desse pedacinho de carne, magro, discreto, *a priori* despretensioso... mas não se engane, não, é como filé-mignon suíno ou bovino, e, para que fique macio, gostoso, temos de respeitá-lo, ajudá-lo.

Trata-se de um produto delicado, a carne é fina e firme, é o desafio do cozinheiro.

Quanto ao cozimento, levá-lo à frigideira seria maltratá-lo... prefiro desossado e recheado com cogumelos envolvidos num redanho. Nós o alimentamos, cuidamos bem dele... Basta um cozimento rápido, com a panela tampada... É uma verdadeira guloseima.

Uma vez que o coelho tornou-se raridade tanto nas mesas dos chefs quanto nas domésticas, precisamos devolver-lhe o lugar de honra...

Esse coelho *globe-trotter* apareceu pela primeira vez na América do Norte há cerca de 65 milhões de anos e levou alguns outros milhões de anos para chegar até a Europa.

Hoje, nos seus fornecedores, é difícil distinguir o terroir de origem do animal: entregue "pelado", sem nenhum rótulo especial, aquele coelho viajante, cosmopolita, é de todas as regiões... tanto pode ser do Poitou, das Flandres, da Alsácia...

Ele se adapta à inspiração do cozinheiro, aceitando de bom grado que o façamos recheado ou no molho de todos aqueles produtos com os quais ele se compraz à vontade... legumes da estação, ervas aromáticas, tomilho, alecrim, frutas... Uma autêntica guloseima.

mâchon

Paul Bocuse
Chef da Auberge du Pont de Collonges
(Collonges au Mont d'Or)

Mâchons ensemble! Comamos juntos!
Para mim, o mâchon é um mundo de recordações. É a minha cidade, a minha terra, uma parte da minha vida. É Lyon que desperta na bruma rósea da manhã no cais de Saint-Antoine, é o ambiente agitado do mercado, com suas bancas transbordando de frutas e legumes que têm o aroma da horta, é o ritual de uma cidade que "come" e que "bebe" como respira.

Evidentemente, o mâchon é, antes de tudo, uma realidade histórica. Seu surgimento, no século XIX, coincide com a melhoria das condições de vida dos *canuts*, aqueles trabalhadores que mourejavam desde a manhã até a noite na tecedura das sedas, para cobrir de elegância a França aristocrata e burguesa. Levantando-se às 5 horas, trabalhando duro, a mil léguas das 35 horas semanais de hoje, em oficinas sem calefação, eles bem que mereciam uma sólida merenda às 10 horas da manhã.

Hoje em dia, há todos os tipos de mâchon: simples, sofisticados, mâchons chiques, mâchons da última moda, mâchons "burguês-boêmios"... os dos mestres-cucas de domingo, os dos chefs com ares de banquete romano – velhas lembranças de Lugdunum?

O verdadeiro mâchon, o meu preferido, é um sortimento de pratos comuns pegos sem frescura no bistrô. Encontramos tradicionalmente grattons, dobradinha – bucho bovino refogado com alho, cebola, vinho branco, salsa –, sabodet, tablier de sapeur, salsichão quente, salada de lentilha, cervelle de canut, aquele famoso queijo branco com alho e ervas aromáticas... todas as coisas que, em princípio, a moral dietética reprova...

Naturalmente, em nossas sociedades bem nutridas, o mâchon não é tão necessário quanto outrora. Mas, se os *gones*, os garotos da região, o amam tanto, é porque ele representa bem mais que um lanche a mordiscar a qualquer hora do dia, ele traz em si a identidade lionesa, ele é indissociável de uma cor, de um ambiente. Frédéric Dard, que pertencia à ilustre confraria dos franco-mâchons, captou-lhe, mais do que ninguém, a emoção: "quando o primeiro café expulsou o último sono, quando o primeiro vinho branco aguçou o novo apetite, o corpo e a alma plenamente disponíveis estão em estado ideal de 'come'. É o instante do prato cozido, do vinho frutado, da amizade que nenhuma fadiga enfraquece [...]. Então, nesse momento abençoado, capitoso, capital, os franco-mâchons sabem que, se Deus não existe, de qualquer modo, ele parece estar muito presente..."

maionese

Julien Dumas
Chef do restaurante Rech (Paris)

Molho complexo!
Tanto já se falou, se escreveu ou se transmitiu como opiniões preconcebidas, que fica difícil falar sobre ela sem alimentar a polêmica!

Do segredo de sua receita, contendo as medidas certas dos ingredientes, até a sua origem, a maionese dá o que falar e o que escrever.

Sua etimologia permanece controversa. Seria a mãe de nossos molhos uma criação do cozinheiro do marechal de Richelieu, quando da comemoração à tomada de Port-Mahon? Seria uma referência à cidade de Bayonne e a uma alteração da palavra "bayonnaise", que, com o passar do tempo, teria se tornado "mayonnaise"?

Sobre ela, eis o que se pode dizer com certeza: seu nome é conhecido desde o século XIX, e os cozinheiros estão de acordo quanto à lista dos ingredientes que a compõem, e que devem ser habilmente misturados: gema de ovo, sal, pimenta-do-reino, vinagre, óleo e um pouco de mostarda, a não ser que se derive para uma remolada...

Porque é preciso ser um pouco mágico para conseguir sucesso ao fazer esse "molho francês", como o chamam os anglo-saxões, dispor de uma boa dose de paciência, precisão e até mesmo paixão... Sem nunca parar, tem de triturar, acrescentar, dissolver, adicionar, incorporar... para, finalmente, experimentar.

Prestemos homenagem à mãe dos molhos, àquela que foi chamada de "religião de Estado dos franceses", de tanto que está presente no recesso de cada lar, a tal ponto que é difícil imaginar que um dia ela não tenha existido. E porque, sem essa emulsão, a mãe dos molhos frios, o que seriam a ravigote e o famoso aïoli provençal?

Maison Chapel

Madame Chapel
Diretora da Maison Chapel (Mionnay)

Uma velha pousada de família, situada em Mionnay, em Dombes.

A história tem início em 1939, com Roger e Ewa Chapel, que decidem instalar-se fora de Lyon. O sucesso viria com uma primeira estrela no *Guide Michelin* em 1959.

Mas é o filho deles, Alain, que bem depressa iria fazer de Mionnay uma das mais belas mesas da França, com a conquista de uma terceira estrela, em 1973, aos 36 anos de idade e tendo apenas quatro anos de fogão.

Seu sucesso residia, talvez, naquela procura quase obsessiva do bom produto, que era para ele a única estrela. Mas é também uma filosofia, a da simplicidade, aliada a um rigor na técnica, o vínculo entre uma tradição relativa e uma modernidade aparente.

Alain Chapel faleceu repentinamente em 1990, com apenas 52 anos; sua esposa, Suzanne, decidiu manter aquela concepção da cozinha de Mionnay e dar-lhe prosseguimento com a ajuda de Philippe Jousse, assistente culinário que dirigia então as cozinhas de Alain Chapel em Kobe, no Japão.

Philippe viria trazer outra sensibilidade, sem renegar os fundamentos – uma busca do belo, do verdadeiro, pelo prazer e pela amizade –, apesar da perda de uma estrela, ligada ao desaparecimento do emblemático chef.

Outra página está para ser virada em Mionnay, com David e Romain Chapel, os filhos, na continuidade de uma história de família; e cabe a Romain, cozinheiro, moldar seu caráter próprio.

manteiga

Jean-François Piège
Chef do restaurante Thoumieux (Paris)

A origem da manteiga remonta a cerca de 10 mil anos, quando nossos ancestrais começaram a domesticar os animais. "Manteiga" é a palavra usada na Península Ibérica (*manteca*, em espanhol). No restante da Europa, prevaleceu a origem grega, como *butter*, em inglês, ou *beurre*, em francês (ambas do grego *boutyron*, isto é, "queijo de vaca").

Atualmente, a manteiga, em todas as suas formas, continua sendo a matéria graxa mais popular do mundo. É usada simplesmente numa fatia de pão, para melhorar o sabor dos alimentos, ou como ingrediente essencial para a cocção e a transmissão dos aromas de uma preparação.

FABRICAÇÃO

Obtida a partir do creme do leite, a manteiga concentra a sua matéria graxa. A regulamentação francesa determina uma emulsão de, no máximo, 16% de água em pelo menos 82% de matéria graxa extraída do leite.

A *manteiga salgada* contém mais de 5% de sal, a "manteiga meio-sal" tem entre 0,5% e 3% e a "manteiga sem sal" contém o mínimo possível.

A *manteiga crua*, obtida exclusivamente a partir do creme de leite cru, não pasteurizado, não se conserva por muito tempo. Não tem o mesmo sabor das manteigas pasteurizadas, pois as temperaturas atingidas na pasteurização, certamente menos elevadas do que a de um cozimento, modificam ou destroem algumas moléculas.

A textura e a cor da manteiga dependem da alimentação das vacas. Quando elas são alimentadas com feno, a manteiga é de um amarelo-claro e sua consistência mais firme. No verão, quando as vacas comem capim, a manteiga tem uma cor mais intensa, em virtude dos pigmentos nele contidos, e consistência mais mole. Alguns fabricantes adicionam caroteno à manteiga para reforçar a cor amarela.

USOS

A manteiga serve de matéria graxa para a cocção dos alimentos. O cozimento "com manteiga" é tradicionalmente disseminado na parte norte da França, contrariamente ao Sul, onde se cozinha "com óleo". Mas a manteiga cozida é menos digerível que a manteiga crua. A temperatura crítica da manteiga é 130 °C. Acima disso, formam-se compostos tóxicos, e ela se queima. Assim sendo, ela não é a gordura mais apropriada para o cozimento, exceto se for clarificada.

A manteiga é também um ingrediente básico de muitas receitas (massas para tortas, confeitaria, molhos). Na culinária, preparam-se diferentes tipos de manteiga, entre as quais, temos os seguintes exemplos:

» *manteiga clarificada*: manteiga da qual foram eliminados a caseína e o soro;
» *manteigas compostas*: molhos quentes ou frios, salgados ou doces à base de manteiga, acrescidos de diversos ingredientes e destinados a acompanhar carnes grelhadas, crustáceos cozidos ou molho para peixe, legumes cozidos no vapor, em canapés ou panquecas, tais como: manteiga com nozes, manteiga de anchovas, manteiga de escargot, manteiga de estragão,

manteiga de camarão, manteiga de crustáceos;
- » *manteiga branca*: redução de vinagre e echalotas brancas com manteiga e destinada a acompanhar certos peixes;
- » *manteiga-avelã*: manteiga aquecida até ficar com uma cor dourada e destinada a acompanhar alguns alimentos, tais como peixes, miolo frito e espinafre;
- » *manteiga negra*: manteiga aquecida até adquirir uma cor marrom e destinada ao acompanhamento de certos alimentos, como asa de raia e miolo de vitela. No final do cozimento, adiciona-se um pouco de vinagre e de alcaparras.

Elemento essencial para o prazer culinário, a manteiga atravessa as épocas e se moderniza, incentivada por mestres queijeiros como Jean-Yves Bordier.

Minha maior recordação continua a ser uma fatia de pão com manteiga da Auberge Bretonne, do amigo Jacques Thorel.

massa (pasta)

Davide Bisetto
Chef do restaurante Casadelmar (Porto-Vecchio)

Em francês, a palavra *pâte*, "massa", vem do grego *pasta*, que significa "farinha com água", derivada do verbo *passein*, "amassar". Na França, o vocábulo é conhecido desde 1310. Mas, justiça seja feita, a origem das massas remonta ao Neolítico, quando o homem começou a cultivar cereais e a transformá-los.

A massa é, na verdade, um alimento universal, cujos traços estão presentes em todo o continente eurasiano e que adquiriu o *status* particular de verdadeira tradição gastronômica na Itália e na China. Durante muito tempo, a tradição atribuiu a Marco Polo a introdução do macarrão na Europa, ao voltar de uma viagem à China. Mas a existência do macarrão já é atestada em documentos escritos bem antes disso: um deles, datando de 1154, foi redigido por um geógrafo árabe que descreve um alimento em forma de fios e preparado com farinha de trigo. Denominado *tryah*, era fabricado na Sicília.

Curto ou longo, liso ou canelado, feito a mão ou não, orgulho da gastronomia, o macarrão é, no final das contas, o rei inconteste de nossas mesas. Faz parte de nossas raízes não só pela simplicidade dos ingredientes, mas também pela facilidade de preparo.

De Fellini a Orson Welles, a cultura do macarrão, a atmosfera que se cria em torno desse prato foram absorvidas pelas artes. As massas, como arte de viver, entraram muitas vezes na literatura.

Suas virtudes foram mundialmente reconhecidas. A valorização da dieta mediterrânea coloca as massas no topo da pirâmide alimentar: é um alimento completo, de compartilhamento, raramente contraindicado!

O que as massas têm de excepcional é que, pelo gosto inimitável e pela variedade das preparações, permitem a qualquer um experimentá-las, deixar-se levar pela fantasia e, evidentemente, refestelar-se.

melão

Lionel Lévy
Chef do restaurante Une Table, Au Sud (Marselha)

O melão, especialmente o de Cavaillon, é uma ode à generosidade. Mal os primeiros raios de sol atravessam as nuvens, o melão põe à disposição do cozinheiro um potencial único de açúcar, cor e frescor.

Ele pode ser o parceiro das carnes (tais como a de vitela ou de porco, com fatias marinadas e grelhadas). É degustado como entrada, como sobremesa: é um verdadeiro prazer gustativo e visual.

Em meu estabelecimento, eu o combino com uma lagosta mediterrânea ou uma espuma de estragão. A força do iodo da lagosta, realçada pelo frescor do melão e a profundidade do estragão, produz um prato rico em sensações olfativas e gustativas.

O melão é apreciado por todos, do mais jovem, que lhe degusta até mesmo a pele, ao mais velho, que o prefere da maneira mais tradicional, cortado ao meio com vinho do Porto.

O melão pode ser degustado em diversas situações: como aperitivo, acompanhando frios; num piquenique em família, ou então preparado numa receita mais sofisticada.

O melão é um dos tesouros da Provença, preciosidade da sua gastronomia.

mijoter

Christophe Moret
Chef do restaurante Lasserre (Paris)

Definição do *Larousse gastronomique* (1938): "deixar cozinhar lentamente em fogo brando".

Os braseados, os ragus se beneficiam em ser mijotés.

De tradição popular e ancestral, a ação de mijoter permitiu criar receitas que até hoje continuam a ter enorme importância no patrimônio culinário francês, tais como o boeuf bourguignon, o cozido de carne, o ensopado de cordeiro, os guisados...

Do ponto de vista profissional, essa ação permite incrementar produtos tidos como menos nobres (de 2ª ou 3ª categorias) e que, graças a essa cocção lenta e aromática, adquirem um sabor e um valor bem melhores.

Uma das primeiras comidas que aprendi a fazer na escola de Blois foi o ensopado de cordeiro. Era a descoberta de uma culinária codificada e de tradição.

Já, em si mesma, a palavra "mijoter" é dita em voz baixa. Existe como que um murmúrio em seu enunciado, dela emana uma certa doçura, aquela ideia de poder, finalmente, dar tempo ao tempo...

Ouvir a palavra "mijoter" é imaginar uma panela no fogo, liberando seus aromas de cozimento em cada uma das bolhinhas que sobem à superfície.

Essa palavra me faz lembrar o coelho cozendo lentamente sobre o fogão a carvão de meus avós no Pas-de-Calais, ao redor do qual toda a família se reunia por ocasião de nossos almoços de domingo.

Para mim, "mijoter" é compartilhar com muita generosidade uma comida que tem a nossa cara. Para a maioria, os pratos mijotés são aqueles que constituíram a cozinha francesa. Eles nos fazem lembrar a importância de poder deixar o tempo ir passando, o que tão raramente nos acontece hoje em dia.

miúdos

Thierry Marx
Chef executivo do hotel Mandarin Oriental (Paris)

Para o escritor, é tão perigoso evocar os miúdos em termos elogiosos, quanto é delicado, para o cozinheiro, valorizá-los. A tarefa exige o melhor de sua arte e um perfeito conhecimento do tema. O primeiro tem de conciliar a repulsa instintiva por aquilo que não é mais do que um retrato de suas próprias entranhas com uma curiosidade ambígua pelo que delas obtém a maestria do segundo... Não há nada de poético a respeito de rins, tripas, timo, cabeça e tudo o que compõe esse malfadado "quinto quarto", o pária (preconceito de ignorantes!) em matéria de cortes de carne.

No entanto, como não salivar à lembrança de rins crocantes, de um timo de vitela macio, de saborosas dobradinhas mergulhadas numa sopa asiática bem condimentada, de uma bochecha de boi bem tenra e das outras mil facécias culinárias que a técnica de um chef engendra destes modestos produtos... É necessária toda a sua criatividade e técnica para enobrecer aquelas humildes partes, assim como um dançarino precisa de graça e sensibilidade para fazer, de um simples salto, um momento mágico.

A própria história dos miúdos, caótica e marcada por reviravoltas, revela a complexidade com a qual nós, seres humanos, os consideramos (os animais carnívoros devoram primeiro as vísceras ainda quentes de suas presas...).

Em algumas civilizações, consumia-se o coração da vítima há pouco abatida para absorver-lhe o vigor. Na Grécia antiga, por ocasião de sacrifícios rituais, os oficiantes recebiam – modesto salário – a fressura das vítimas. Antigamente, só os fígados (gordos!) e os timos eram apreciados nas mesas nobres.

No século XVII, cozinhadores de tripas vendiam na rua, para o povo, e a corporação dos açougueiros se via obrigada a ceder aquelas partes "indignas" àqueles que iriam tornar-se os bucheiros franceses.

Evidentemente, a cozinha chinesa já lhes conhecia os segredos, mas sem o refinamento extremo, que é apanágio da arte culinária francesa: os maiorais – Taillevent (autor do *Viandier*), Antonin Carême e Auguste Escoffier –, por inovação ou necessidade, enobreceram os miúdos no decorrer dos séculos.

Devido à sua extrema sensibilidade às alterações, cozinhar miúdos não comporta nenhuma improvisação e exige criatividade, técnica e rigor. Não seria, talvez, uma boa ideia aquilatar o talento de um cozinheiro por sua maestria na preparação dos miúdos, como se julga a aptidão de uma costureira pelo avesso das roupas?

molecular

Pierre Gagnaire
Chef do restaurante Pierre Gagnaire (Paris)

Termo introduzido em 1988 pelo físico britânico Nicholas Kurti (Budapeste, 1908 - Oxford, 1998) e pelo físico-químico francês Hervé This (nascido em 1955 em Suresnes) para qualificar o componente físico-químico da gastronomia (o conhecimento racional de tudo o que se relaciona com o ser humano que se nutre).

Os dois cientistas criaram, assim, a "gastronomia molecular", disciplina científica que trata de buscar os mecanismos dos fenômenos que ocorrem no momento das transformações culinárias. Mais precisamente, desde o ano 2000, a disciplina explora a cozinha de três pontos de vista – social, artístico e técnico –, sempre utilizando o método hipotético-dedutivo, também chamado método experimental ou científico. Compreende-se que essa atividade é uma pesquisa cientifica fundamental, que visa tão somente produzir conhecimento.

A gastronomia molecular é uma disciplina científica: seu objeto é contribuir para o progresso do conhecimento culinário e da cozinha.

Uma "aplicação" culinária desses trabalhos é a "cozinha molecular" (nome introduzido por H. This em 1999), que assim se define: cozinha que utiliza novos utensílios, ingredientes e métodos. Por "novo" entende-se mais precisamente aquilo que estava ausente da *Cuisine du Marché* (Paul Bocuse, 1976). Por exemplo, as ampolas de decantação permitem desengordurar os caldos, enquanto os filtros de frituras permitem clarificá-los; o alginato de sódio permite criar sistemas análogos à ova de salmão, com uma pele gelificada que contém um centro líquido, com gosto sob medida; o nitrogênio líquido permite obter sorvetes de consistência bem mais lisa e sabor mais acentuado do que os obtidos com sorveteiras...

Essa cozinha molecular está, por definição, fadada a desaparecer, logo que for implementada a renovação técnica da cozinha. Hervé This propõe dar continuidade a essa tendência com uma outra tendência, que ele denominou, em 1994, "cozinha nota a nota", e que faz uso de compostos puros.

molho

Armand Arnal
Chef do restaurante La Chassagnette (Arles)

COMO SE FOSSE A PRIMEIRA VEZ...

Minha primeira lembrança culinária... O molho é o despertar na boca, a experiência gustativa que pôs na minha língua a memória dos primeiros "sabores compostos": do deslumbramento do amargor à complexidade do doce-salgado, do choque do picante e do apimentado até o levitar da acidez.

Meu primeiro pecado de gula... eu me lembro, era o famoso suco do frango assado no fundo da assadeira que a gente "molha" à vontade, desafiando (com tácito contentamento) o proibido. Aliás, não se costuma dizer, para expressar o prazer: "que suculento!"?

E depois vêm todos os outros... e em todas as formas...

Do mais leve ao mais denso, do mais tradicional ao mais contemporâneo... quer se chamem caldos, *fumets, fonds bruns*, brancos, sucos, redução ou ainda emulsão... eles constituem, por si só, a base da cozinha.

Hoje, entretanto, quando se usa a expressão "no molho", vem à mente as receitas da cozinha burguesa, ou ditas "caseiras". Os mestres, aqueles de quem os chefs da minha idade aprenderam tudo, preferiram, com o advento da Nouvelle Cuisine, usar o termo "sucos", não levando em consideração as receitas originais.

Mesmo assim, do mais simples (um dashi) ao mais complexo (um holandês, por exemplo), o molho é universal.

Ele se insere em todas as cozinhas do mundo, sem se importar com as culturas, com as texturas e com os gostos... Alguns, aliás, até ganharam *status* de condimento e se degustam praticamente sozinhos, sem acompanhamento.

Enfim, no imaginário coletivo, o molho evoca certa ideia de opulência, como um digno companheiro dos pratos revigorantes. De resto, foram batizados com nomes encorpados, que exprimem toda a sua bonomia e rotundidade: ravigote, bearnês, gribiche, holandês ou, por que não?, maionese. E a eles habitualmente se associa a lembrança de um banquete republicano, de um verdadeiro ágape nupcial...

Mais que tudo, o molho é o símbolo da cozinha francesa, tal qual um ofício sagrado, um tanto mágico, que encerrasse todos os sabores.

morille

Michel Trama
Chef do restaurante Trama (Puymirol)

Clara ou escura? Temos de escolher. Mas, seja ela a redonda, a cônica ou a mais comum, com seu chapéu claro, a morille faz parte daqueles vegetais que brotam onde não esperamos e que já fascinavam os antigos.

Os casos que se contam sobre a sua colheita nos remete à nossa época contemporânea... de fato, ao brotar, esse cogumelo privilegia sobretudo as terras arenosas, as terras revolvidas, onde "os rastros humanos" se fazem onipresentes. Assim sendo, não é de causar espanto a quantidade de morilles que brotaram nas praias da Normandia na primavera de 1945, após os bombardeios. À guisa de testemunhas do passado, elas crescem entre as ruínas, entre os canteiros de obras, como sentinelas silenciosas.

Mais poeticamente, impõe-se uma caminhada na floresta para colher a morille... Pode ser encontrada sob os freixos, porque, como estes, ela gosta das zonas luminosas, das terras incultas, das margens dos rios e das lagoas. Um gostinho de lilás... um belo encontro, ela divide com esse arbusto a sua seiva rica em glicose, o que lhe confere aquele sabor particular...

A morille é um produto raro, saboroso, que requer uma cozinha sem sofisticações. O cozinheiro dispõe de muito pouco tempo para aproveitá-la: a temporada é curta, de março a maio. Basta adicioná-la a ovos mexidos ou a massas, que a magia está feita. Ela aprecia tanto o frango quanto o galo com vinho amarelo. Podemos refogá-la na manteiga, prepará-la com creme, imaginar uma receita de couve-flor com morilles preparada como risoto.

Evidentemente, os apreciadores podem usá-la durante o ano todo na versão em pó ou para reidratar, mas é na primavera que ela faz estremecer todos os nossos sentidos. Amamos a elegante morille, que, ao ser tocada, se revela seca e aveludada ao mesmo tempo.

mostarda

Cédric Denaux
Chef do restaurante L et Lui (Saint-Paul-Trois-Châteaux)

Mosto ardido ou, em latim, *mustum ardens*. Eis uma etimologia picante e que fala por si só!

Mostarda: planta da família das brassicáceas (ou crucíferas), de flores amarelas. Algumas espécies são cultivadas para forragem e outras, para o aproveitamento das sementes, que, trituradas após fermentação no vinagre, no agraço ou em outro mosto, são o ingrediente básico do condimento de mesmo nome. Mas, desde a Antiguidade, são consumidos rebentos e folhas das espécies *Sinapis alba* (mostarda-branca) e *Sinapis arvensis* (mostarda-dos-campos, nabo-forrageiro), que são subespontâneas em toda a Europa: de fato, são encontradas por quase toda parte em estado selvagem, após ter escapado das culturas.

É impossível deixar de falar de suas propriedades terapêuticas. Já no século VI a.C., Pitágoras, cientista grego, reconhecia a importância do cataplasma de mostarda como antídoto contra picadas de escorpião, pois "um demônio está mais capacitado para expulsar outro demônio". É que a mostarda, ao irritar a pele, remove o veneno.

Atualmente, a farinha ou os cataplasmas dos quais ela é o principal componente são frequentemente usadas por suas propriedades *aperitivas* – estimula o apetite nas entradas; *anti-inflamatórias* – contra a bronquite, a asma e a pneumonia –, e também *digestivas*, *eméticas* e *lenitivas*.

Existem quatro espécies nativas:

» a mostarda-branca (*Sinapis alba*);
» a mostarda-preta (*Brassica nigra*);
» a mostarda-dos-campos (*Sinapis arvensis*);

» a mostarda-marrom ou mostarda-das-índias (*Brassica juncea*).

A mostarda, hoje um condimento tão francês, já era usada entre os gregos e os romanos para temperar carnes e peixes. Uma primeira receita introduzida na Gália, no século VI, teria logo conquistado os palácios aristocráticos e eclesiásticos. A planta herbácea que produz essas minúsculas sementes parecia ser abundante na Borgonha, e o líquido ácido (vinho, vinagre ou agraço), indispensável à sua fermentação, já existia em razão das numerosas vinhas... O que vem depois, já é sabido: receitas exclusivas e tradicionais, cuidadosamente mantidas em segredo, o famoso frasco presente em cada casa e, principalmente, a enorme quantidade de pratos em que é usada, hoje indissociáveis da gastronomia francesa. Porque, sem sua dose de mostarda, o que seriam o coelho, a maionese ou o vinagrete?

De Dijon, Orléans, Meaux, à moda antiga... A essa longa lista se acrescentam as especialidades regionais, como a mostarda da Normandia, da Alsácia, a violeta de Brive, etc.

Ao lado dessas mostardas francesas, mais fortes, aparecem as suas primas estrangeiras. A alemã, conhecida por ser suave e adocicada; a inglesa, surpreendente por sua cor amarela, por seu lado adocicado e pela mistura de especiarias exóticas. Com a italiana mostarda de Cremona, caminhamos da pasta lisa e untuosa habitual para um condimento ao mesmo tempo adocicado, por causa das frutas cristalizadas, e picante pela adição da mostarda. Aliás, essa grande família não para de crescer, com o reforço de novos sabores e combinações sutis. A imaginação e a criatividade de cada um fazem o resto!

nougat

Jean-Marie Baudic
Chef do restaurante Youpala Bistrot (Saint-Brieuc)

Era uma vez...

Um *métier*... ou *métiers*, uma tradição... um *savoir-faire*.

Na cozinha, como na maioria das atividades ligadas ao comer, há uma palavra que se repete como um *leitmotiv*: "autenticidade". Porque, acima de tudo, o que mais conta é não fingir, é ser verdadeiro, sempre respeitando os bons produtos e aqueles que os prepararam.

É nesse espírito que eu gostaria de contar a história do nougat. Pequenino doce e deliciosa guloseima de outrora que ainda hoje encanta o nosso paladar.

Essa história estabelece um paralelo entre o nosso ofício de cozinheiro e o de confeiteiro. É também uma homenagem a todos aqueles e todas aquelas que, através do tempo, perpetuam uma arte, uma técnica, por amor ao seu produto.

O nougat é, de fato, esse produto que dá testemunho de um *savoir-faire* artesanal e ancestral. No Oriente, desde a

Antiguidade ele é fabricado com amêndoas, mel e especiarias. Nessa mesma época, os gregos, que apreciam sobremaneira essa massa dulçorosa, preferiam-na com nozes – donde o seu nome *nux gatum*, "doce de nozes", em latim.

Seria preciso esperar o século XVII para que o nougat fosse introduzido na Provença (ele está entre as Treze Sobremesas). Marselha passa então a deter o monopólio, imortalizando a receita feita com nozes.

Deve-se a Olivier de Serres uma pequena revolução do produto que, de certa maneira, representa um retorno à receita original. Olivier de Serres planta as primeiras amendoeiras de terroir perto de Montélimar e usa as amêndoas para confeccionar seus nougats. Tão grande é o sucesso que esse nougat suplanta o de Marselha.

Isso constitui a bela história do nougat branco de Montélimar. Essa massa era confeccionada à base de mel, amêndoas, açúcar, clara de ovo, pistache e envolvida em pão ázimo. Muitas variações apareceram no decorrer do tempo: nougat macio e duro, com chocolate, com coco, aromatizado com lavanda ou rosas... todas representando sempre um autêntico prazer para o cozinheiro que sou, curioso dos sabores inéditos e continuamente em busca de texturas.

ostras

Christian Le Squer
Chef do restaurante Le Pavillon Ledoyen (Paris)

Da família dos moluscos e dos crustáceos, se existe um bivalve que soube distinguir-se no paladar dos gourmets, esse é realmente a ostra.

Seja côncava ou chata, consumida crua ou cozida, assada ou ao natural, ela sempre conquistou o coração dos gastrônomos desde a Antiguidade grega até hoje.

É interessante saber que, entre os gregos, a concha da ostra foi frequentemente utilizada como ficha de voto nas ágoras. Porém, foram os romanos os primeiros a organizar a criação de ostras-chatas, cuja ausência nos banquetes era absolutamente inconcebível. Estou convencido de que as suas papilas gustativas tremeriam de horror, se, como os romanos, vocês as consumissem com algumas gotas de *Garum* (vocês sabem! Aquele molho negro e espesso produzido pela fermentação, ao sol, de vísceras de peixes, de sabor dez vezes mais acentuado do que o molho nuoc-mâm usado atualmente).

Na França, embora bastante apreciadas na Idade Média, foi só a partir de 1850 que a criação e o consumo de ostras se expandiu. Depois de alguns períodos de crise, em que a doença dizimou os viveiros de nossos queridos bivalves (1900-1920; 1970), a produção encontra finalmente o seu vigor, resultado da importação de uma variedade de ostras côncavas japonesas, a famosa *Crassostrea gigas*. Essa espécie representa hoje perto de 90% da produção.

Chatas e côncavas, esses mariscos se reproduzem principalmente nas fazendas situadas nas bacias de Marennes Oléron (Indicação Geográfica Protegida), de Arcachon e da ilha de Ré, na Bretanha, na Normandia.

Não contente em ser a pérola dos mariscos do ponto de vista gustativo, a carne de ostra é considerada, do ponto de vista médico, o melhor dos alimentos de origem animal. Rica em protídeos, vitaminas (A, B1, B2 e B12) e sais minerais (iodo, fósforo, cálcio, zinco, magnésio e ferro), foi, durante muito tempo, recomendada como medicamento universal para todo tipo de carências e para distúrbios digestivos. Por outro lado, ainda subsiste uma velha crença que atribui virtudes afrodisíacas a esse célebre molusco. Conta-se que Casanova consumia 50 por noite...

Ah! Quantas vezes pude sentir, com meus irmãos, aquele intenso prazer de correr ao longo dos rochedos, nas praias da Bretanha, à procura desse misterioso "adorno dos oceanos". Chegada a noite, extenuados, mas felizes, trazíamos o tesouro daquela longa jornada. Delicadamente abertas e postas numa fatia de pão integral com manteiga salgada, podíamos apreciar a doce e bem merecida recompensa daquele duro labor.

Ainda hoje, não me canso de apreciá-las e fazer com que meus filhos as desfrutem de igual modo, acompanhando-as simplesmente de um vinho branco seco, como um Muscadet Sèvre-et-Maine ou um Entre-deux-Mers.

Não conheço nada melhor!

palace

François Delahaye
Diretor do Hotel Plaza Athénée (Paris)

A palavra "palace" é, antes de tudo, um termo que exprime um nível de excepcionalidade em matéria de hotelaria. Uma vez que essa denominação não é protegida, cada estabelecimento é livre para se autoproclamar "Palace". Mas, sem nenhum selo regendo esse *status*, pouquíssimos hotéis são reconhecidos como palace.

Na verdade, poderíamos definir um palace como um lugar de culto à perfeição.

Esses estabelecimentos únicos são definidos por numerosos critérios. Em primeiro lugar, físicos: um palace deve gozar de uma situação geográfica excepcional e dispor de uma arquitetura magnífica. São também imperativos a qualidade irrepreensível dos serviços e da manutenção, o nível de equipamentos e a contínua modernização. Outras características próprias dos palaces são imateriais. Trata-se de manter uma mitologia em torno de um lugar quase lendário, de propor uma qualidade inigualável com um pessoal por "chave" bem numeroso (no mínimo 2,5 funcionários por quarto).

O Plaza Athénée preenche todos esses requisitos. Está situado no centro do Triângulo de Ouro, uma situação extraordinária entre as butiques de luxo da mais prestigiosa avenida do mundo.

O hotel dispõe de 191 quartos, 45 deles, apartamentos. A suíte Real, com uma área de 450 m², é a maior de Paris. Oferecendo uma vista sem empecilho sobre a Cidade Luz, ela reconstitui a verdadeira elegância parisiense, com seus móveis da época da Regência e suas antiguidades, bem como seus elementos em madeira do século XVIII. Essa suite dispõe também de novo sistema *home theater* 3D Full HD, único em Paris.

O palace é, por si só, um universo mágico e excepcional. São mais de 550 funcionários que se empenham a cada dia, contribuindo para difundir por todo o mundo a excelência do hotel, bem como os valores da Dorchester Collection.

A emoção é despertada a cada instante, prazeres gustativos e sensoriais, com o bar projetado por Patrick Jouin; as pâtisseries de Christophe Michalak (campeão do mundo de 2005); o restaurante haute cuisine três estrelas de Alain Ducasse, o chef com mais estrelas do mundo.

O Plaza Athénée é, acima de tudo, um lugar de vida colocado sob o signo da elegância e do excepcional. Ao transporem as portas do estabelecimento, nossos clientes dão mostras de pertencer a uma "elite".

Em constante evolução, o Plaza Athénée vai expandindo continuamente os limites da perfeição e da inovação, a fim de impor-se como o Palace de amanhã...

pão

Karim Haïdar
Chef do restaurante La branche d'olivier (Paris)

Já morei em três países.

No Líbano, o pão é assado por 40 segundos a mais de 600 °C. É comprado na padaria ou no supermercado, e embalado num saco plástico. Pode ser conservado durante dois ou três dias e substitui os talheres para comer. Meus filhos o adoram... É um pão macio e lúdico.

Na França, assa-se o pão durante algumas dezenas de minutos, a 180°C. É comprado na padaria e consumido no mesmo dia, a casca é crocante e o miolo, macio. Meu pai só blasfema por causa dele.

Na Inglaterra, é quadrado, fatiado e posto em saco plástico. É comprado no supermercado, guardado para a semana e torrado na hora de ser consumido. Minha mulher o acha muito prático.

Em todos os lugares, ele é sinônimo de alimento nas religiões. Faz parte da prece. É sagrado; não se deve jogá-lo. Tanto é verdade que cada cultura encontrou um uso quando ele fica velho: rabanada na França, pratos à base de pão amanhecido (fatte e fattouch) no Líbano, pudim de pão na Inglaterra.

Há uma região onde munca morei. Mas a sua cozinha veio até nós. No Extremo Oriente, substituem o pão pelo arroz. Mas isso é outra história...

pato

Jean-Louis Nomicos
Chef do restaurante Jean-Louis Nomicos (Paris)

Um produto de tradição, um produto nobre, um produto para a mesa com os amigos por excelência: são as primeiras palavras que me vêm à mente quando evoco o termo "pato".

Enraizado na tradição familiar, é o famoso assado de domingo, servido como regalo aos convidados. À minha memória, vem a lembrança da grande mesa dominical confortavelmente instalada sob a figueira de meus avós.

Por serem variadas as suas maneiras de preparar, elas deixam, tanto ao cozinheiro amador quanto ao mais experiente, a porta aberta para infinitas possibilidades. Basta, às vezes, buscar inspiração nas numerosas receitas de outrora para reinventar o prato do momento. Esse belo produto incita a pôr em prática o *savoir-faire* e a criatividade, ao mesmo que permanece em busca do essencial.

Além do confit e do magret de pato, muitas vezes malbaratados na cozinha do dia a dia, pensamos nas receitas de grande tradição, como o pato com azeitonas ou, mais além, o pato com laranja ou pato com sangue...

Encanta-me revisitar essa memória culinária e pensar que tudo se reinventa.

Pegue um belo pato de alta reputação, o de Challand (ou dito de Nantes), identificado por uma etiqueta vermelha e que nos encanta pela qualidade de seu sabor e de sua carne. A pele é corretamente quadriculada para que fique bem crocante com a cocção. O molho? Esse pede o suco de laranja, os condimentos, o mel e o vinagre de xerez, uma feliz associação agridoce que lhe cai maravilhosamente bem. E, como guarnição, escarolas braseadas e deglaçadas com xerez. Tudo é uma questão de época!

Gosto desse pato inteiro, assado no espeto, esfregado com especiarias e frutinhas silvestres. É preciso encontrar o equilíbrio aromático certo e redescobrir os sabores originais do produto.

Ao lado desses patos magros, volto meu pensamento para os patos gordos (destinados ao mercado do foie gras): são os *mulards*... A eles, dediquei uma receita exclusiva: macarrão com trufa e foie gras.

Obrigado!

petit farci

Jacques Chibois
Chef do restaurante La Bastide Saint-Antoine (Grasse)

Os petits farcis nicenses fazem parte do patrimônio do condado de Nice. É um prato mundialmente conhecido: é o melhor embaixador da cidade de Nice.

Eles são uma ciranda de legumes mediterrâneos: tomates, abobrinhas redondas, cebolas de rama, alcachofras miúdas, pimentões, repolhos, berinjelas. Trata-se de um prato "delícia de verão" e muito apropriado para momentos de convívio.

O recheio é constituído essencialmente de legumes com um pouco de sobras de carne ou linguiça, queijo, farinha de rosca, ovo e condimentos. Cada pessoa tem o seu segredinho.

A região de Nice – é preciso que se saiba – é um paraíso de legumes saborosos. Os petits farcis são parte de uma cozinha bastante complexa; eles exigem elementos comuns, mas variados, meticulosamente dosados e que trazem o frescor, o sabor e o aroma do terroir. Não se contentam com o mais-ou-menos, é uma verdadeira arte. Suas receitas variam de família a família, evoluíram conforme o gosto das gerações, mas alguns princípios permaneceram. Eles nos dizem que a boa cozinha se faz com tempo e paciência, que é preciso ter sempre certeza da boa qualidade e do frescor dos produtos utilizados.

As famílias têm prazer em convidar-se quando se trata de saborear esse prato mítico. Os petits farcis sempre estão presentes nos eventos festivos. São servidos mornos ou frios, jamais quentes, pois o calor atenua-lhes o sabor. E nunca devem ser postos na geladeira.

piano

Michel Roth
Chef do restaurante Le Ritz (Paris)

O fogão, no jargão dos cozinheiros, é chamado de "piano", abreviação de "piano de cozinha" ou "piano de cozinhar". Não sei dizer quem deu origem a essa opção léxica que possibilita a analogia com o instrumento musical, tão agradável para aqueles que exercem um ofício ligado à cozinha.

E, uma vez que habitualmente se fala de arte culinária, não está tão fora de propósito ver, no cozinheiro, um artista executando uma obra de arte, ou compondo a sua própria, num instrumento capaz de oferecer os melhores sabores em toda a gama de cozimento. Salteado, assado, frito, cozido em fogo lento, grelhado e estufado comporiam, nessa visão de esteta e por obra e arte desse piano, a harmonia de uma grande refeição.

Nosso piano nasceu de uma circunstância e do gênio de um mestre em fundição, Abraham Darby, fabricante de panelas e outros utensílios de cozinha.

A circunstância é que a fusão do ferro com o carvão vegetal se tornara muito dispendiosa. A engenhosidade de Darby foi ter conseguido, em 1709, fundir o minério de ferro com o carvão de coque, matéria-prima existente em profusão em Coalbrookdale, no Shropsphire, Grã-Bretanha, aonde ele fora instalar-se.

São notáveis os resultados da invenção desse comerciante de panelas: ela provocou a primeira revolução industrial, que viu a siderurgia criar um mundo novo, com a ferrovia, as inúmeras máquinas a vapor, as pontes metálicas ligando margens até então inatingíveis.

Assim sendo, nosso fogão de cozinha se situa na origem de uma das maiores transformações do mundo.

Essa história me fez devanear e está na hora de voltar para a cozinha, verificar que nosso piano continua lá e desejar que esse maravilhoso instrumento continue sempre evoluindo para uma perfeição maior.

pimenta de espelette

Gilles Choukroun
Chef do restaurante MBC (Paris)

Habituei-me a usar, na minha cozinha, somente essa pimenta, nenhuma outra. Cá entre nós, é uma história marcante, identifico-me com a pimenta de Espelette, por seu sabor único.

É elegante, incrivelmente sutil. Nas outras pimentas, só vejo a função de apimentar. Apimentam com o risco de alterar o sabor do prato. A pimenta de Espelette, não. Ela deixa que os sabores se expressem, acompanha-os, oferecendo-lhes o seu toque apimentado.

Quando criança, provei escargots. Não era a primeira vez. Entretanto, o sabor deles era diferente. Emanava dos caracóis uma verdadeira energia, um calor... Diante do meu espanto, disseram-me que os escargots tinham sido cozinhados com pimenta de Espelette. Por trás da surpresa do perfume, eu acabara de descobrir um novo perfume, um novo sabor, sensual, decididamente feminino.

A pimenta de Espelette entrara na minha memória gustativa e foi muito naturalmente que, anos mais tarde, ela ressurgiu na minha cozinha. Ela fornece a energia apimentada, para mim, um dos dois sabores fundamentais; o outro é a acidez. Mas a pimenta de Espelette é principalmente aquele prolongador quase mágico do gosto que revela um prato com toda discrição. Não é necessário que, diante de seu prato, o apreciador identifique a pimenta, mas que tenha, graças a esse condimento mágico, a prolongada sensação de um gosto extraordinário na boca.

A pimenta de Espelette cabe tanto em pratos doces como em salgados. Nada é proibido: ela vai bem com tudo, seja berinjela confitada ou sorvete de baunilha, desde que seja corretamente dosada. Imaginemos um creme gelado de café e pimenta. Eis aí um equilíbrio frágil que requer uma dosagem precisa. O perfume da pimenta deve apenas acompanhar o sabor do café, antes de lhe dar seu pequeno toque apimentado.

Por trás dessa dosagem precisa que a pimenta de Espelette requer, também está o respeito do cozinheiro para com o artesão. Servir-se de um ingrediente que demanda um trabalho tão longo e complexo de produção e colheita exige respeito.

pimenta-do-reino

Olivier Roellinger
Chef do restaurante Les Maisons de Bricourt (Cancale)

A PÉROLA NEGRA

Latitude: 9°58 N. Longitude: 76°13,6 E. Índia.

Originária da costa do Malabar, essa preciosa mercadoria só muito lentamente tomou o rumo do Ocidente. Os indianos a chamavam de Pilpali.

Ela se propaga na Pérsia antes de chegar ao Egito e depois à Grécia antiga. Os romanos a adoravam. Logo se tornou sinônimo de riqueza, passando a ser tão procurada quanto o ouro.

Seu valor dá origem a um expressivo comércio entre o Oriente e o Ocidente, através do mundo árabe. Entre outras razões, foi também para chegar ao berço da pimenta-do-reino e apropriar-se de sua produção que Alexandre, o Grande, levou suas tropas até o rio Indo. Foi pelas mesmas "nobres" razões que, séculos mais tarde, os europeus buscaram aberturas marítimas a leste e a oeste. A honra da descoberta desses caminhos cabe ao português Vasco da Gama, que aportou em Calecute (Índia), em 14 de maio de 1498, descobrindo assim a pérola negra indiana: depois da rota do Novo Mundo, acabava de abrir-se um novo caminho marítimo que iria enriquecer as numerosas companhias das Índias, fossem elas portuguesas, holandesas, inglesas ou francesas. Assim, a busca da pimenta-do-reino selou para sempre a aproximação entre o Oriente e o Ocidente. É curioso observar que, se Pierre Poivre teve um papel importante no comércio de especiarias, não foi especialmente no da pimenta-do-reino, mas no do cravo-da-índia e da noz-moscada.*

ESPÉCIE E TIPOS

Bagas de um longo cipó que pode chegar a 6 metros no estado silvestre, a *Piper nigrum* pertence à família das piperáceas. Desenvolvendo-se bem nos climas quentes e úmidos, a planta produz quatro tipos de pimenta-do-reino, de acordo com o período de maturidade em que as sementes são colhidas:

» *a verde:* as bagas ainda verdes, colhidas bem antes de amadurecerem, são postas em salmoura ou liofilizadas;
» *a preta:* as bagas são colhidas quando começam a avermelhar, e ainda não estão completamente maduras. São então levadas ao sol, a fim de ser submetidas a uma secagem natural;
» *a branca:* colhidas em plena maturidade, remove-se facilmente o invólucro bem vermelho das sementes, deixando-as de molho em água do mar e esfregando-as;
» *a vermelha:* não é encontrada na Europa. Provém de sementes frescas de pimenta-do-reino colhidas maduras.

---

* A palavra francesa para "pimenta-do-reino" é *poivre*, tomada do nome de Pierre Poivre (1719-1786), botânico e administrador colonial francês. (N.T.)

SABOR

Seu perfume delicado prenuncia, com muita harmonia, um sabor profundo e complexo, ao mesmo tempo quente, redondo, longo, forte e intenso. A pimenta-do-reino branca é menos forte, mas tão perfumada quanto a preta, que continua sendo mais selvagem. Agindo um tanto como catalisador para os sabores, ela melhora e realça cada um deles.

Na escrita dos gostos, se o sal fosse a vírgula, a pimenta-do-reino seria o ponto final. E, se o sal é necessário à nossa alimentação, a pimenta-do-reino é o denominador comum do prazer de nossas papilas: ela se tornou um sabor básico para o planeta inteiro. As cozinhas do mundo pareceriam insossas sem a contribuição da pimenta-do-reino.

USOS

Como seus aromas são muito voláteis, ela sempre deve ser triturada ou moída na hora, a fim de conservar todo o seu perfume. Se, por um lado, a pimenta-do-reino está presente em quase todas as preparações salgadas, por outro não se deve desprezar o picante que ela dá às sobremesas, desde que usada com parcimônia. A pimenta-do-reino dá o ritmo, o acorde profundo e necessário a todos os sabores. Entretanto, aconselho àqueles que sistematicamente dão três giros no moedor sobre uma sopa que acaba de ser servida ou sobre uma carne antes mesmo de prová-la, que moderem seus ardores: a pimenta-do-reino gosta de sutileza.

Usá-la em caramujo, ostra, foie gras, cogumelo, gema de ovo, atum e – por que não? – morango continua sendo uma excelente ideia. No que me diz respeito, preparo os meus pós a partir da pimenta-do-reino preta, mais amadeirada, mais aromática. É também a que prefiro levar à mesa, no moedor de pimenta. Gosto de misturar pimentas-do-reino de diferentes origens, verdadeiras e falsas primas.

Essa sementinha redonda e enrugada como a terra é símbolo da troca entre os homens. Símbolo da globalização no sentido correto do termo. Nenhuma cozinha regional perdeu sua identidade ao levar a pimenta-do-reino à mesa.

AS MELHORES PRODUÇÕES

Inde Malabar Wayanad, Jeerakarimundi, Karimundi, Karimuinda, Madagascar pimenta-do-reino nobre de la Luna, Cambodge Kampot, Lampong da Sumatra.

polenta

Massimo Mori
Chef dos restaurantes Mori Venice Bar e Armani Caffé
(Paris)

UMA ESTRANGEIRA VINDA EM SOCORRO DO POVO

A polenta resulta da moagem mais ou menos fina do milho separado do germe com uma peneira. É chamada *abburattata* quando se mói todo o milho, retirando somente a *crusca*. A *vitrea*, ou sêmola *fioretto*, é uma farinha moída grosseiramente. Ao contrário, a farinha de milho moída muito finamente é denominada *fumetto* e usada em pâtisserie e na alimentação dos bebês.

A farinha grossa é usada nos vales do Trentino, no Vêneto, na Lombardia e, em particular, em Bérgamo. A farinha fina é típica do Friul e do Vêneto.

Na Antiguidade, os romanos davam o nome de *puls* a misturas cozidas de diversos cereais – milhete, aveia, etc. *Puls* (plural, *pultes*), de mingau de cereais, tornou-se então "polenta".

Foi preciso esperar a descoberta das Américas por Cristóvão Colombo e a importação do milho para que a polenta se tornasse aquela que conhecemos. Graças a essa descoberta, a polenta se tornou um alimento básico que garantiu a sobrevivência de muita gente e salvou da fome numerosas aldeias. De fato, o novo cereal, originariamente chamado de *granaturco* ou *sogroturco* (mais adiante veremos por quê), tem a propriedade de crescer bem e rapidamente e alto valor nutritivo. Naqueles períodos de repetidas penúrias, a polenta salvou o povo!

A partir do século XVI, a polenta foi durante muito tempo consumida diariamente nas três principais refeições. É por essa razão que os habitantes do Norte da Itália são até hoje chamados de *polentoni*, os comedores de polenta.

Os mais necessitados a comiam ao natural e acabavam por sofrer de carências, pois a polenta não fornece proteína alguma. Os mais ricos, os grandes comerciantes ou os doges, assim como as famílias nobres, como os Gonzagas de Mântua, consumiam-na com queijo ou charcutaria, carnes ou peixe, ou ainda – o que já naquela época era um luxo – com o caviar Cobice do delta do rio Pó, conhecido desde a Idade Média. Essa receita com caviar, denominada "Malossol", foi criada por Cristoforo Messimburgo em 1512. Ela manda acrescentar à polenta suco de agrião, creme azedo com limão do lago de Garda e o famoso caviar do rio Pó.

O Vêneto é o berço da mais renomada farinha de polenta. Nas aldeias Marano Vicentino e Rettorgole di Coldogno foram cruzadas duas variedades de milho – o Marano e o Pignoletto d'oro – que deram origem a uma das melhores farinhas de polenta, denominada *marano*. Ela acompanha os pratos tradicionais, tais como o Spezzatino e o Baccala.

Outra variedade, a *Blave di Mortean*, é a farinha que uso no Moru Venice Bar. Podemos citar também as oriundas do Bellunese, de Storo, de Sponcio, de Valtellina ou de Saracena.

POLENTA AMARELA, POLENTA BRANCA

Evidentemente, a cor depende da matéria-prima. Se os grãos de milho forem brancos, ela também será branca, ao passo que os grãos avermelhados produzirão uma polenta amarela. Isso pouco vai mudar o sabor. A escolha da cor é feita essencialmente por questões estéticas: a polenta branca – cuja aparência quase lembra a porcelana – combinará melhor com calamares em sua tinta. A combinação cromática é menos fácil com o amarelo.

A polenta branca provém de uma variedade de milho de polinização livre que, por isso, tem fraco rendimento, mas ótima qualidade. Cultivado principalmente nas cercanias de Treviso, Pádua e Veneza, esse tipo de milho é chamado *sogroturco*, termo atestado desde o final do século XVII. *Sogro* significa "semente". *Turco* servia, então, para designar tudo o que vinha de outro país, e a maioria dos produtos importados provinha do Império Otomano.

PREPARAÇÃO

A preparação da polenta tradicional é fácil.

Mesmo que as proporções e os tempos possam variar de acordo com a origem e a qualidade do milho, a principal dificuldade em prepará-la é a força no braço que ela requer: é preciso mexê-la sem parar, o que não é nada fácil, principalmente se a família é muito grande.

Polenta (receita básica)

Utensílios e ingredientes

Um tacho de cobre (isto é, se possível, uma panela de cobre com o fundo interno arredondado)

Um batedor de claras e um bastão de madeira feito com galho de árvore frutífera

Um fogão, de preferência a gás

1 litro de água mineral

200 g de fubá para polenta

> sal e pimenta-do-reino
> azeite
>
> Ponha a água no tacho e aqueça-a.
> Quando ela estiver quase fervendo, adicione o fubá aos poucos, mexendo energicamente, primeiro com o batedor, a fim de evitar a formação de grumos, e depois com o bastão.
> No final do cozimento, adicione, conforme a tradição, um fio de azeite.
> Despeje o conteúdo do tacho numa tábua de madeira e deixe amornar.
> Pode-se cortá-la com um barbante fino ou linha, no tamanho desejado.

Que perfume de cereal, que untuosidade, que variedade produz esse maravilhoso alimento que, pela associação da natureza e da engenhosidade do homem faminto, há séculos proporciona prazer a todas as camadas da sociedade, estando presente tanto na mesa da cantina quanto na dos três estrelas, na do refúgio da montanha ou ainda na da trattoria à margem do rio Brenta!

Uma recordação muito remota: minha mãe despeja a polenta numa tábua de madeira. Meu pai a recolhe bem fumegante para levá-la a uma torteira com Parmigiano-Reggiano fresco ralado (12 meses), manteiga batida na hora por minha avó materna e pancetta Coppata do primo charcuteiro.

São os domingos de festa em família ao redor de um prato que, há séculos e por muitos séculos ainda, deleita e reúne entes queridos. Ele parece encarnar aquela filosofia de vida exaltada pelos Gonzagas: não estamos juntos para comer, mas comemos para estar juntos.

Viva a vida,
Viva a natureza
Viva o gênio do povo faminto
Evviva la polenta!

rabanete

David Rathgeber
Chef do restaurante L'Assiette (Paris)

Primeiro, um belo tom de rosa ao olhar, firmeza ao toque, depois, um crocante na boca e, enfim, uma mistura de adocicado e de leve acidez ao paladar: morder um rabanete é toda uma história. E, se ele é bom, a conclusão é sempre a mesma: que agradável frescor!

A primeira coisa a ser feita é procurar um bom rabanete. Se a polpa não está machucada, se está firme ao tocar, então ele está bem fresco. Em todo caso, o melhor é comê-lo no mesmo dia.

Existem o rabanete longo branco e o rosa. Eu o corto simplesmente ao meio, adiciono uma colherinha de café de manteiga doce e salpico um pouco de flor de sal. Para quem tem mais pressa, há uma variação mais rápida, rabanete com manteiga meio-sal, que só requer uma etapa antes da degustação: passar a manteiga. Mas eu prefiro a flor de sal, pois seu crocante realça o frescor do rabanete.

Enfim, o rabanete é muito simples e quase basta a si mesmo.

Mas sou cozinheiro e não posso deixar de levar o rabanete à panela... Misturado com fava, feijão, alcachofra e ervilha, o rabanete rosa cabe perfeitamente numa caçarola de verão.

Depois de cozido, o rabanete libera outro sabor, um tanto adocicado, muito suave. O mais interessante? Ele conserva o seu vermelho vivo e o crocante, mesmo estando bem macio. Para obter esse resultado, cozinho-o separadamente com um pouco de azeite, um ramo de tomilho e um dente de alho no líquido que ele libera. O objetivo é preservar os delicados sabores do legume.

O simples rabanete permite revelar toda a minha filosofia de cozinheiro: não desnaturar o produto e oferecê-lo em sua totalidade, apresentar todas as suas facetas.

Quando faço um velouté de rabanetes, adiciono algumas de suas folhas em infusão no caldo que vai servir para cozinhá-los. Antes de servir, ralo rabanetes crus no prato, adiciono um fio de azeite, dou um giro no moinho de pimenta-do-reino e pronto! Entre as folhas, entre o cozido e o cru, está presente a totalidade do sabor do produto. É a cozinha que Alain Ducasse me ensinou, o espírito de Alain Chapel: a cozinha do produto.

rãs

Alexandre Gauthier
Chef da pousada La Grenouillère (Montreuil-sur-mer)

Símbolo da fecundidade no antigo Egito, esse animal pequenino, adaptado ao modo de vida semiaquático, pertence à família dos vertebrados tetrápodes (quatro patas) anuros. As rãs são essencialmente carnívoras. Sua alimentação constitui-se de insetos, aracnídeos e pequenos peixes.

Na França, as espécies comestíveis são a rã verde e a rã vermelha, das quais se comem somente as coxas. A melhor temporada para cozinhar as rãs silvestres é a primavera.

No *Grande dicionário de culinária* de Alexandre Dumas, publicado em 1873 (pouco depois de sua morte), está escrito que "muitos médicos da Idade Média se opuseram ao consumo dessa carne, que, entretanto, é branca e delicada e contém princípio gelatinoso mais fluido e menos nutritivo que o das outras carnes". No século XVI, porém, as rãs eram servidas nas melhores mesas. Na Itália e na Alemanha, há um grande consumo desses batráquios e os mercados estão cheios deles. Em contrapartida, os ingleses as abominam, razão pela qual, talvez, há algumas dezenas de anos, suas caricaturas dos franceses os mostravam comendo rãs...

Em 1800, na coleção *La Fleur de la cuisine française*, o cozinheiro Courchamps preparava um caldo de rãs com uma guarnição aromática muito copiosa.

No *Cuisinier royal* (1822), escrito por Viard e Fouret, ambos cozinheiros, a rã é preparada em sopa de maneira bem cruel: naquela época, lidava-se com a rã silvestre e viva. Conforme a receita, devia-se "cortar a cabeça da rã, separar o corpo da pele, tendo o cuidado de retirar as vísceras, é preciso que as coxas e o dorso, que serão mergulhados em água fria, fiquem bem limpos [...]. O tempo de cozimento das rãs, em fogo forte, será de dez minutos e, depois, meia hora em fogo brando. Em seguida, as rãs são trituradas num pilão", etc.

Em 1867, em *Le livre de cuisine*, de Jules Gouffe, a rã é preparada "en poulette", isto é, com manteiga, gema de ovo e vinagre ou suco de limão. As rãs são servidas inteiras, mas sempre com um cozimento longo e com o acréscimo de uma gema de ovo para dar liga. Elas também podem ser servidas como fritura, com a mesma preparação anterior, mergulhadas em massa mole e fritas em seguida.

Os tempos de cozimento e o apreço pelos produtos não eram os mesmos de hoje. É verdade que os meios de conservação rudimentares não permitiam manter um produto fresco por muito tempo.

Entre 1867 e 1887, as coisas mudam; em 1887, o cozinheiro Gustave Garlin propunha, em *Le Cuisinier moderne*, a receita das "Rãs à lionesa": determina ele que é preciso escolher rãs que passaram a noite no gelo, salteá-las rapidamente com um pedaço de manteiga e um pouco de cebolas picadas, temperá-las no final do cozimento, regá-las com suco de limão e salpicá-las com ervas finas. As rãs também estão em bolinhos: pré-cozidas à moda lionesa, depois são mergulhadas em massa de fritura leve. Todas essas receitas lembram um pouco as de Jules Gouffe, com a diferença de que o tempo de cozimento é mais rápido. Para as "Rãs à alemã", M. Garlin propõe colocar as rãs geladas em uma panela com um bom copo de cerveja, após o cozimento, coar e passar na manteiga, etc.: mais farinha para ligar, adicionar só um pouco de suco de limão e ervas finas.

Auguste Escoffier volta a apresentar, em 1907, em seu *Guide culinaire,* uma boa parte das receitas anteriormente citadas, porém todas elas revisadas e corrigidas no que se refere a algumas marinadas curtas e a um respeito maior ao cozimento do produto. Nesse livro, encontra-se também a única receita de rã fria que conheço, as "Ninfas à aurora", quente-frio de rã com páprica cor de aurora. Prato muito técnico, como todas as receitas de Auguste Escoffier...

No início do século XX, a maneira mais clássica e mais popular de consumir coxas de rã era a tradicional persillade, com cozimento em frigideira, na manteiga, e à qual se acrescentava, no último instante, um pouco de alho esmagado e salsa picada. Não se deve esquecer que o sabor da rã crua é bastante sutil, até mesmo insosso, com uma textura de grande delicadeza.

Na década de 1975, os tempos de cozimento foram amplamente reduzidos, a fim de respeitar a delicadeza da carne, que requer apenas um cozimento muito rápido, de dois a três minutos, conforme a técnica usada.

A rã é um produto de regiões palustres, portanto é normal encontrá-la nos cardápios dos restaurantes situados nas imediações dessas áreas. No palude alsaciano, pode-se citar L'Auberge de l'Il (em Illhaeusern); nas Dombes, o restaurante Georges Blanc (em Vonnas) ou o de Paul Bocuse; no palude de Poitiers, La Mare aux Oiseaux; no palude de Montreuil-sur-Mer, a pousada de La Grenouillère, além de outras regiões da França.

Mas, felizmente, as novas técnicas de conservação e de transporte permitiram à coxa de rã fresca viajar sem risco de alterar-se. Tampouco se pode esquecer que a criação possibilitou a venda de rãs de qualidade durante todo o ano e facilitou a seleção por tamanho (triagem). Isso permitiu e continua permitindo ao restaurante parisiense Roger la Grenouille vender toneladas de rãs às pessoas das mais altas classes em visita a Paris.

Em razão desses progressos, todos os chefs de cozinha preparam a coxa de rã, cada qual lhe conferindo um toque pessoal.

Para o livro *Patate*, de Lindsay e Patrick Mikanowski (Flammarion, 2003), criei um prato com batata ratte do Touquet, flores de cebola verde e rãs. Nesse prato, a rã é entremeada com um pequenino cubo de limão entre suas carnes e, depois, empanada à inglesa, com farinha de rosca.

redução

Antoine Westermann
Chef do restaurante Drouant (Paris)

Eu sou um reducionista!

Se falo da redução em trezentas palavras, já estou me situando após a época da ebulição e da evaporação.

Em culinária, a redução decola nos anos "Nouvelle Cuisine", faz a sua revolução e abre novos horizontes de criação no piano. Eu estava ali, eu militei, eu cozinhei!

A redução estrutura o gosto, reconstitui o essencial. Ela satisfaz plenamente a gula e subverte o campo de ação da manteiga e do creme.

A mais popular, a do tomate, criou o concentrado. Existem também as reduções de vinhos, dos caldos de galinha e de legumes... As receitas se multiplicam infinitamente.

Explico-me: a redução concentra os sabores de um caldo ou de um molho quando os deixamos ferver lentamente. Os gostos, as cores e os nutrientes são modificados por osmose; são então criadas novas moléculas aromáticas pelo processo de cocção. "Osmose", "moléculas"... – obrigado, amigo Bruno Goussault por ter contribuído para a ampliação do meu vocabulário e dos meus conhecimentos!

A redução de um caldo obtido com uma base de carne ou de peixe permite obter um fundo mais concentrado em aromas e sabores.

Raramente levo a semântica para a cozinha, é um universo que conheço unicamente através dos livros.

Entretanto, o resultado da redução é o fundo. E ele é essencial para estruturar. Mas a vantagem em cozinha é que o essencial tem gosto!

E até onde podemos levar a redução?

Um dia, na minha vida de cozinheiro, acordei com outras ideias. Disse a mim mesmo que era preciso levar mais longe a redução na minha cozinha. Então, reduzi a zero as minhas três estrelas: aliviei a minha cozinha, tirando-lhe o cenário gastronômico. Voltei a me concentrar nos valores que me estruturavam, no que me parecia essencial e no que, no *fundo*, eu tinha vontade de cozinhar.

Mas todo mundo sabe que também existem coisas que acima de tudo não se podem reduzir ao cozinhar: o prazer, a gula, o convívio entre amigos e a generosidade. Foi assim que construí para mim uma nova vida com o Mon Vieil Ami, em 2003, e que criei uma nova cozinha com o Drouant, a partir de 2006.

A quem bem reduz, saudações!

robalo

Christopher Coutanceau
Chef do restaurante Richard et Christopher Coutanceau
(La Rochelle)

O robalo é o rei dos oceanos, mas está em risco. Nós o preparamos de muitas maneiras, de acordo com sua proveniência e conforme vão evoluindo os gostos de nossa clientela.

As variedades existentes são:

» *o robalo de banco de areia*, de cor muito clara;
» *o robalo de rocha,* de focinho quebrado e inteiramente preto. É chamado também de dorso preto, come caranguejos e gobiões que se erguem das rochas. É mais encorpado e saboroso, pois vive em áreas de forte corrente.

A forma da pesca define a qualidade dos robalos. A pesca com linha representa uma qualidade excepcional, pois os robalos são sangrados no nível dos ouvidos. O robalo pelágico oferece uma qualidade média; sua pesca predatória da espécie e das desovas, uma catástrofe para o rei. O robalo de arrastão morre afogado e esmagado. Produz uma carne macia e acinzentada e de qualidade mediana.

Para o nosso Relais & Châteaux, usamos unicamente o robalo pescado com linha. É um magnífico produto que preparamos durante o ano todo e para o qual preferimos uma cocção na chapa. Eis um exemplo do nosso prato para o cardápio do inverno de 2010: "Robalo pescado com linha, assado em sua pele crocante, espaguete de lula e abalones em ravióli aberto, suco de carne com limão em conserva".

É alarmante pensar que, em 2040, o robalo – e muitas outras espécies – desaparecerão da face do globo.

rodovalho

Éric Frechon
Chef do restaurante Le Bristol (Paris)

Peixe nobre por excelência, raro e muito procurado, o rodovalho é a delícia dos gastrônomos, pela delicadeza, brancura e firmeza de sua carne.

Conhecido desde a Antiguidade e durante séculos considerado o "rei da Quaresma", o rodovalho foi favorecido com os mais pomposos acompanhamentos.

Peixe chato, sem graça, confunde-se facilmente com o fundo arenoso e rochoso dos mares por causa de sua pele tigrada e sua cor pardacenta.

Na França, seu corpo ovalado inspirou, há várias décadas, a criação da *turbotière* (de *turbot*, "rodovalho"), recipiente destinado a cozê-lo inteiro.

Trata-se de um peixe muito agradável de preparar: aceita muito bem o tempero da carne, pode ser cozido tanto no vapor quanto *poché*, braseado, grelhado ou assado.

Ao escolher um rodovalho, é importante que a pele esteja viscosa, que as guelras sejam de um vermelho vivo e que ele esteja firme: deve ser possível segurá-lo pela cabeça sem que ele se curve. O rodovalho é muito semelhante a outro peixe, denominado *barbue*. É a pele de ambos que permite distingui-los, uma vez que a da *barbue* é lisa ao tato, ao contrário da pele rugosa do rodovalho. Depois de comprar um rodovalho, não há que ter pressa em degustá-lo: é preferível esperar um ou dois dias para cozinhá-lo e, portanto, comê-lo.

Se eu tivesse de dar um qualificativo a este peixe, iria chamá-lo de *sereia dos mares*.

sal

Boris Campanella
Chef do restaurante Le 59 (Aix-les-Bains)

Impossível pensar num mundo sem sal, elemento indispensável à gastronomia e, antes dela, à vida...

Bem de primeira necessidade, o sal sempre ocupou um lugar fundamental em nossa alimentação, sem falar de quanto é importante para a conservação dos alimentos.

O exemplo mais patente de sua importância para a nossa civilização, é com certeza o termo "salário", que deriva da palavra "sal" e que, de uma ração desse precioso ingrediente, tornou-se o pagamento. Existe também um bom número de expressões populares que dão destaque ao sal: "sujeito sem sal", "o sal da vida"... E é usado em tantos costumes, entre os quais aquele que consiste em pôr alguns grãos de sal no bolso de recém-casados para trazer-lhes sorte e prosperidade.

O sal está oculto em toda parte: desde as profundezas da terra até as bordas dos mares... E tem diferentes formas. Mas aquele que usamos para cozinhar é o sal marinho, obtido pela evaporação da água do mar nas salinas.

Nosso "paladar" é sensível aos sabores: o doce, o salgado, o azedo e o amargo. É a sua função de "de realçador de sabor" que confere ao sal a importância que tem na gastronomia. Ele intensifica a percepção dos sabores: realça o gosto dos alimentos insossos, diminui a sensação de amargo e de doce, além de regular o ácido e o azedo.

O *sal fino*, que tempera, quase sempre tem cúmplices: combina com noz-moscada e com pimenta-do-reino preta, para as carnes; com páprica, com pimenta-do-reino branca, com noz-moscada e com gengibre, para os peixes.

A *flor de sal*, crocante na boca, particularmente gostosa, é usada em estado bruto para dar requinte a um prato. Com muita frequência, adicionamos uma "ponta" de flor de sal aos pratos na hora de servi-los.

O *sal grosso*, além de salgar as águas de cozimento, serve para criar uma crosta para a cocção em recipiente tampado: é a famosa "crosta de sal", que sempre encerra um tesouro.

Misturado ao açúcar e às especiarias, permite preparar todos os tipos de peixe – gravelax de salmão, salmão defumado, arenque... – e carnes-secas.

Enfim, não quero deixar de falar do *sal cinza*. Ele tem o mesmo uso que seu primo, o sal grosso branco. Serve para o preparo das "massas", além de garantir a estabilidade das ostras num prato.

Atualmente na França, verdadeiro celeiro produtor de sal, seu consumo excessivo está desaprovado. A principal causa disso são os produtos industrializados e prontos para o consumo. Mas não é por isso que vamos sacrificar o uso do sal marinho na cozinha. Ao contrário, preservemos os benefícios do sal, usemo-lo nas devidas proporções e, principalmente, no seu lugar certo: a valorização do produto.

salmão

Michel Troisgros
Chef do restaurante La Maison Troisgros (Roanne)

Forte, harmonioso, carne rosada, pele prateada, o salmão atlântico é o mais belo dos peixes.

E é com emoção que vou contar por que ele é tão ligado à família Troisgros.

O escalope de salmão com azedinha foi criado nos anos 1960, em plena revolução da Nouvelle Cuisine francesa. Várias vezes, meu irmão Jean e eu observáramos que a clientela achava a carne desse magnífico peixe um tanto seca e esponjosa. Soubemos por quê. É que naquela época os cozinheiros o coziam excessivamente.

Em férias às margens do Adour, havíamos notado que os bearneses e os bascos o degustavam malcozido, ou seja, "rosado na espinha", expressão que se usava na época.

Dessa maneira, o peixe não liberava seu exsudato e conservava toda sua maciez.

Como era difícil que nossa clientela local aceitasse essa forma de cozimento, tivemos a ideia de cortar o salmão em escalope e cozinhá-lo rapidamente nas novas frigideiras de Teflon, recentemente criadas.

Um molho fluido, sem farináceos, um vinho branco seco, até mesmo madeirizado, creme de leite UHT 35% e, para dar uma ponta de acidez, azedinha cortada em chiffonade e adicionada no último instante ao molho fervente.

Pratos grandes para garantir o conforto, colheres chatas para espalhar melhor o molho, rigor na preparação, foi o que fez a fama mundial desse prato.

Obrigado, *Salmo salar*.

salmonete

Édouard Loubet
Chef do restaurante do Domaine de Capelongue
(Bonnieux-en-Provence)

OU A NARCEJA DOS MARES

Também muito conhecido na França como *moustachu*, "bigodudo", o salmonete, cujo gosto forte e semelhante ao da caça, não deixa de lembrar o sabor da senhora narceja. Aqui, no Luberon, ao aproximar-se o outono, ele é cozido como aquela delicada ave... com autenticidade, inteiro, assado na churrasqueira, acomodado em alguns galhos de artemísia, sem jamais perder de vista que o essencial reside no produto.

Esse peixe de escamas prateadas, segredo de seu vermelho flamejante, desloca-se em cardume... e, quando as águas se tornam mais amenas, aproxima-se da costa sem se preocupar com o pescador principiante, que o prefere em particular, ou dos amantes da pesca com espinhel, que já sonham com uma sopa desses pequenos peixes de rocha.

E, mesmo que o encontremos em muitos mares, ninguém nega que o mais saboroso dos salmonetes é o do Mediterrâneo.

História de cozinha...

Pegue um salmonete pescado na hora, regue-o com azeite e coloque-o delicadamente sobre uma grelha improvisada... Imagine... sonhe... Você está à sombra de um pinheiro-manso, perdido em uma calanca deserta, com um copo de rosé na mão. Você só raspa as escamas e degusta... apenas isso... Porque a melhor maneira de saborear essa caça dos mares é inteira, e não eviscerada.

E, para os marselheses, que, como finos *connaisseurs*, lhe apreciam o fígado, esse é degustado numa simples torrada com alho, depois de misturado com as espinhas e tamisado. Uma gotinha de azeite... e ei-lo transformado num aperitivo de escol ou no precioso acompanhamento para uma sopa de peixe.

salvelino

Laurent Petit
Chef do restaurante Le Clos des Sens (Annecy-le-Vieux)

O salvelino-ártico tem a mais fina, a mais delicada carne de peixe de água doce.

Quando o seu cozimento atinge o ponto ideal, a leve gradação de rosa-pálido a rosa-escuro de sua carne reflete o alimento que se encontra nas profundezas do lago, tais como minúsculos camarões.

Eu o comparo aos grandes vinhos brancos da Borgonha, à verdadeira renda de artesãos, à obra de ourivesaria.

As bochechas do salvelino, retiradas após o cozimento, vêm realçar como verdadeiras pérolas essa joia da natureza que é o salvelino-ártico do Lago de Annecy.

sobremesa

Yves Thuriès
Presidente dos chocolates Yves Thuriès (Marssac)

Se, em seus primórdios, a sobremesa também se compunha de queijo, hoje este é servido separadamente, de modo que as nossas refeições são finalizadas com "queijo ou sobremesa", e a sobremesa é sempre a parte doce que encerra a refeição.

Uma sondagem do Institut Français d'Opinion Publique (Ifop) mostrou, há alguns anos, que 94% dos franceses tinham o hábito de terminar as suas refeições com uma sobremesa.

A cozinha de pratos doces é uma tradição que remonta à Idade Média. Naquela época, os pratos doces podiam ser também peixes ou carnes; era o tempo dos molhos agridoces e com especiarias. Ainda não havia separação entre pratos salgados e pratos doces ou "sobremesas".

Ao final das refeições, eram servidas frutas frescas ou secas – figos, amêndoas, avelãs – e, no melhor dos casos, waffles com mel; porém, muitas pessoas já haviam percebido que um toque açucarado ao terminar a refeição tornava-a mais festiva e facilitava a digestão.

Foi preciso esperar a chegada de Catarina de Médicis à França e, depois, o século XVII, para que as "sobremesas" conquistassem realmente seu lugar ao final da refeição. Então, a França viu surgirem os primeiros cardápios que contemplavam as "sobremesas".

Do século XVII ao XIX, a França revelou seu interesse pelos produtos de pâtisserie. Eram ainda sobremesas de cozinha, mas os grandes mestres – como François Pierre de La Varenne e Antonin Carême, entre outros – souberam incutir na mentalidade dos franceses a sobremesa ao término das refeições.

Brillat-Savarin relata, em seus escritos, que "num espírito de convivialidade, uma boa refeição termina sempre com uma sobremesa", sendo ela reconhecida como elemento indispensável de uma boa refeição "à francesa". Enquanto isso, muitos países da Europa e do mundo ainda não compreendiam a necessidade, e até mesmo o interesse, de finalizar uma refeição com um toque de açúcar.

Indubitavelmente, graças às suas criações (cremes e biscoitos) e inovações, os pâtissiers franceses daqueles séculos tornaram sua pâtisserie a mais refinada e elaborada de sua época.

Mais recentemente, os grandes pâtissiers franceses do final do século XX reforçaram essa supremacia internacional, com os bolos modelados com aros, os bolos de frutas, e toda a nova pâtisserie. Além disso, a França é o país onde foram criadas as musses e as sobremesas servidas em prato.

São tantas criações, que ainda hoje fazem da pâtisserie francesa a referência mundial irrefutável.

Por ser a panóplia de sobremesas francesas a mais completa do mundo, a França foi o primeiro país a organizar a Copa do Mundo das sobremesas; também é para transmitir aos outros países as boas receitas e a cultura da sobremesa que hoje os grandes chefs pâtissiers franceses são os mais solicitados internacionalmente.

sopa

Laurence Salomon
Chef do restaurante Nature & Saveur (Annecy)

Que grata surpresa confiar-me esta palavra! A sopa é, realmente, um elemento indispensável nos menus que proponho, cada dia um diferente, aos meus clientes.

Qual é a de hoje? Um velouté de talos de acelga com leite e flocos de quinoa, creme de gergelim. As folhas não ficam a dever, uma vez que são apresentadas com algumas rodelas finas de um bom chouriço ibérico.

E amanhã? Grão-de-bico num caldo de cebola, tomate e cominho acompanhado de sêmola integral, etc.

Porque a sopa fornece um elemento líquido às refeições, a fim de variar melhor os diferentes tipos de textura e consistência, bem como para hidratar o bolo alimentar e facilitar – peço desculpas por trazer aqui essas considerações – o trânsito intestinal.

Ela fazia parte do cotidiano do povo; porém, com a elevação do nível de vida, foi progressivamente abandonada. Devemos lembrar que o cozimento em água é o que melhor preserva os nutrientes dos alimentos, mas com a condição de consumir também a água (e de escolher legumes orgânicos para evitar a absorção de resíduos de adubos e pesticidas que também ficam na água!), daí a importância da sopa do ponto de vista nutricional, principalmente quando a composição da refeição é frugal!

Hoje em dia, com a abundância de alimentos, a sopa é frequentemente relegada em prol de uma variedade que muitas vezes nos distancia do essencial. Porque uma refeição constituída de sopa de legumes da estação, guarnecida com um punhado de lentilhas, acompanhada de um bom pão de fermentação natural e de um pedaço de queijo, é uma refeição equilibrada e gostosa. Basta acrescentar-lhe uma mistura de folhas verdes bem temperada, salpicada com pedaços de nozes, um bom vinho natural e o prazer de usufruir uma refeição de texturas variadas, para impor-se com toda a sua simplicidade.

Gosto da sopa desse jeito, em harmonia com os demais ingredientes de uma refeição simples ou mais elaborada. Não gosto quando ela vem sem mais nada no início da refeição, com sua superfície lisa e brilhante, mas monótona e enfadonha. Então, as idas e vindas da colher se tornam opressivas, porém animadas pelos ruídos de bocas e gargantas, de pratos e talheres. Assim apresentada, presume-se que ela nos provoque o apetite, mas a chegada brutal de todo aquele líquido ao estômago já satisfaz aqueles que têm apetite de passarinho. Basta lhe acrescentar o pão, e pronto: peço a sobremesa em seguida, sem passar pela casa principal. Decididamente, não.

Concebo a sopa como a peça mais ou menos líquida de um quebra-cabeça da refeição a qual ela integra perfeitamente, tanto em sua textura quanto nos ingredientes que a compõem. Por exemplo, no inverno, um velouté de abóbora-cheirosa com lentilha vermelha e cúrcuma, acompanhada de algumas fatias de queijo de cabra fresco (que será consumido como entrada), sementes de abóbora torradas, um fio de óleo de semente de abóbora no prato, huumm, que delícia! Em seguida, uma pequena posta de salmão orgânico cozida no vapor, envolvida em folha de acelga e acompanhada de seus talos picados, creme de iogurte com sementes de mostarda. Para terminar, bolo de cevada pérola, tâmaras e maçã ralada com leite vegetal.

Nesse caso, as leguminosas representadas pela lentilha vermelha se harmonizam com a abóbora, dando textura e, do ponto de vista nutricional, fornecendo aminoácidos. Esses se tornarão ainda mais assimiláveis por causa de seus complementos presentes na cevada pérola. Então, não há necessidade de uma posta grande de salmão orgânico para satisfazer o apetite; o corpo e a Mãe Terra ficarão agradecidos pelo equilíbrio encontrado, e o bolso também!

No verão, deve ser servida fria, com uma base de tomates e de legumes liquidificados juntos, ou de frutas, para uma sopa como sobremesa. Isso traz para a estação quente o cru, o refrescante. Usem a imaginação para criá-la e o bom senso para equilibrar o conjunto, a fim de tornar a refeição complexa por sua evidente simplicidade de combinações, mas não complicada. Então, encontraremos a simplicidade de uma sopa sublimada, para a alegria de nossas papilas e o prazer do corpo.

sorvetes

Fabrice Biasolo
Chef do restaurante Une Auberge en Gascogne (Astaffort)

Ele pode não ter uma cor muito marcante, ser frio, pode escorrer e pingar, pode ser frágil e efêmero, mas também colorido, apetitoso, gostoso, refrescante; é claro que prefiro defini-lo com esses últimos adjetivos. O sorvete é tanto uma recordação de infância entranhada em nossas memórias quanto uma fonte de inspiração criativa. Em geral, os sorvetes são doces, mas é possível, sem problema algum, fazê-los salgados, que irão equilibrar uma entrada pelo seu contraste de temperatura e sua textura.

O sorvete pode surpreender, mas é, acima de tudo, reconfortante. Nas sobremesas, gosto principalmente de interpretá-lo como um condimento, para despertar as papilas e dar um tchã ao prato.

suflê

Frédéric Simonin
Chef do restaurante Frédéric Simonin (Paris)

Quando o suflê é posto sobre a mesa, faz-se silêncio entre os convivas, e a admiração se estampa no rosto dos que irão degustá-lo. Diante do suflê, nossa respiração fica suspensa.

O cozinheiro torna-se prestidigitador, encanta o seu público. Há um dedinho de magia no suflê: sempre espetacular, ele suscita admiração. Essa delicada preparação desafia as leis da gravidade. Seu domínio é o ar, a leveza, o pássaro que levanta voo, o vento, o zéfiro... Ele brinca de desaparecer, como uma sílfide. E, quando é atacado com o garfo, o suflê exala sua alma perfumada.

Impaciente, não suporta a espera. Filho do ar, mas também do instante, do efêmero, exala seu último suspiro quando se retarda sua apresentação. Logo que sai do forno, ele vai para a mesa transbordando da forma. O suflê é o balão da cozinha. Assistimos ao espetáculo esperando que comece a subir, sabemos que é mais leve que o ar.

Equilíbrio complexo: a exemplo do voo de um aeróstato, sua preparação exige uma técnica infalível. Está longe de ser uma receita fácil. Para obter um suflê sempre perfeito, há que respeitar escrupulosamente um conjunto de regras estritas sobre composição, que deve ser perfeitamente homogênea, nem úmida nem seca demais, sobre o modo de untar a forma e, principalmente, sobre a maneira de assar.

O elemento que vai dar o perfume é misturado a uma preparação do tipo bechamel, creme de confeiteiro ou purê. No último instante, incorporam-se as claras batidas em neve. Sob o efeito do calor, o vapor de água evapora, fazendo o suflê inflar e encher-se de bolhas.

À semelhança do pássaro, ele nasceu do ovo. No século XIII, fazia-se a omelete como suflê: claras e gemas separadas, ligadas com fécula e leite com um aroma. Era assada no forno, numa frigideira ou caçarola. Ao bater as claras em neve, o cozinheiro de hoje reitera essa técnica.

A cada volta do batedor, ele insufla o ar, como a primeira respiração do passarinho. Se os suflês pudessem gritar, dariam o piado da ave que sai do ovo.

O suflê é uma das raras preparações herdadas da antiga cozinha francesa que ainda está na moda. O *Guide culinaire* de Auguste Escoffier enumera mais de setenta diferentes preparos desse prato. Distinguem-se os suflês de cozinha e os suflês de pâtisserie, mas todos têm aquele ponto em comum de oferecer, a quente, o espetáculo de sua ascensão.

O suflê é pretensioso? Não, quando ele cumpre suas promessas na degustação, quando o cozinheiro é hábil e dá sabor a tanta leveza. Afinal, são apenas alguns ovos... Ovos, sim, mas com uma extraordinária concentração de sabores! É preciso ser "inflado" para falar mal do suflê!

Às vezes, ele sobe além dos seus limites. Infla-se como a rã que queria ficar tão grande quanto o boi. É aí que está o perigo do desmoronamento. O suflê perde o ar e, então, assistimos impotentes à sua lastimável derrocada. É uma lição para o cozinheiro: quem quer fazer demais, quem quer chegar alto demais, ou subir depressa demais às estrelas, fracassa inevitavelmente.

O suflê ama o paradoxo. Sua versão gelada o imobiliza numa falsa eternidade. É, então, uma espécie de fervorosa mentira, uma ilusão: a guloseima, à base de merengue italiano, é levada para gelar numa forma reforçada com papel. Ao ser retirado da forma, o falso suflê promete que ficou inflado, ora, não é nada disso, é um engodo!

Versão quente ou gelada, é sempre uma saborosa delicadeza, frágil e efêmera. Mas não é isso que constitui toda a beleza da vida?

tablier de sapeur

Wilfrid Hocquet
Chef do restaurante Benoit (Paris)

É um daqueles pratos impossíveis de evitar quando visitamos uma cidade ou uma região, como a "bouillabaisse", em Marselha, ou o "aligot", na região de Aubrac. O "tablier de sapeur", também chamado "tablier de Gnafron", faz parte da história dos *gones* (meninos de Lyon), do patrimônio culinário rodaniano.

A lenda atribui sua denominação ao marechal de Castellane, governador militar de Lyon sob Napoleão III. Esse epicurista, apreciador de buchos, pertencia aos sapadores (*sapeurs*, em francês) da engenharia, especialistas na concepção e realização de obras de infraestrutura militar. O avental (*tablier*, em francês) de couro que protegia seu uniforme durante os penosos trabalhos era, segundo ele, parecido com a receita tão apreciada. Então, ele lhe deu esse nome.

Feita com a pança bovina "casa de abelha", ou dobradinha, essa especialidade lionesa é bem gordurosa, mas pertence àquela categoria de pratos "vilões" que nos recobram o vigor. Aqueles pratos que nos fazem suspirar do primeiro ao último bocado. Nos tempos do tudo orgânico e do "light-motiv", eles nos transportam para outra época, para um tempo em que comer bem era sinônimo de saciedade.

O bucho do boi é cozido em fogo brando durante algumas horas. Cortado em retângulos, marinados com mostarda e vinho branco e, depois, empanados à inglesa, os tabliers são fritos em fogo alto e servidos pelando, com molho gribiche, tártaro ou então manteiga de escargots.

O que mais surpreende nessa preparação é a textura. Uma sutil mistura do crocante com aquele macio que derrete na boca, perfeitamente realçada pela mostarda e pelo molho preferido. Na maioria das vezes acompanhado de batatas cozidas no vapor ou tostadas, será necessária uma coragem de sapador para chegar até o fim!

tartine

Yannick Delpech
Chef do restaurante L'Amphitryon (Colomiers)

Ah! A tartine do lanche da tarde, crocante nas bordas, cremosa na boca...

O cheiro do pão fresco, com manteiga e cristais de sal, salpicado de raspas de chocolate amargo de uma marca que tem um majestoso cavalo. Aqueles ágapes festivos em torno de um copo de leite bem gelado, ao voltar de uma partida de "foot balle", permanecerão para sempre na minha memória.

A tartine, "quebra-galho" para uma fome irresistível, é aquela que forra o estômago quando, tendo madrugado pela promessa de um rio repleto de trutas saltitantes, voltamos de mãos vazias, vítimas de uma natureza não generosa. Ao abrir a geladeira, a tartine se adorna de linguiças curadas e outros embutidos para aliviar o coração abalado por uma vida decididamente pouco afável.

A tartine sem pão, dia de folga da dona baguete, transformada num quadrado marrom de cantos enegrecidos, o inevitável amanteigado re-amanteigado para grudar na geleia "com pedaços" de melancia, na qual sempre sobra uma semente para a gente não se animar e mergulhar de vez naquele pedaço de prazer.

Mais tarde, à medida que minha arte da gula evoluía, a tartine se tornaria a estrela de uma "tartirônica", com encontros terrestres aqui e ali, recebendo especialmente um foie gras que será sempre de pato. Às vezes viajante por um chamado do mar, brilhando pelo fiozinho de azeite dito "virgem", mas não virgem no sabor, sobre aqueles filés de sardinha ainda cheios de espinhas que se entalam nas portas do prazer.

Ela não gosta do seu homólogo, o primo sanduíche, que, com seu peso, esmaga toda a leveza de uma guarnição delicada, e muito menos daquele "hamburger arredondado" feito de pão e de amor imperfeitos.

A tartine permanecerá sempre o simples "mata-fome" instantâneo, feito com recursos do armário de doces ou com o triângulo cremoso que tem a cabeça de uma vaquinha chorando sua lembrança.*

tian

Jacques Maximin
Chef do restaurante Le Bistro de La Marine
(Cagnes-sur-Mer)

Originalmente, era uma travessa de terracota denominada "tian", e que logo se tornou o nome dos pratos que nela se

---

* Alusão, irônica, a uma tradicional marca francesa de queijo fundido, na qual aparece a cabeça triangular de uma vaca sorrindo. (N. T.)

coziam: tian de sardinhas, tian de abobrinha, tian de arroz, etc., particularmente usadas na região de Nice. Aquele tian, não raramente rústico, era o prato principal de uma família de quatro a seis pessoas. Alguns restaurantes serviam esses "tians" para grandes mesas ocasionais.

Em 1978, numa discussão com meu amigo César, o escultor, compreendi que era possível imaginar um "tian versão moderna", servido individualmente, respeitando o processo de camadas de ingredientes sobrepostos e comprimidos, com ele inteiramente inserido num pequeno aro de 11 centímetros de diâmetro... Daí vieram os "tians de cordeiro à nicense" e também os "tians de Saint-Jacques", além de muitos outros que figuraram nos cardápios do Chantecler, no hotel Negresco.

timo de vitela

Yannick Alléno
Chef do restaurante Le Meurice (Paris)

O timo ou moleja de vitela é o único miúdo que está sempre presente em meu cardápio: adoro a sua textura e o seu sabor particularmente delicados.

Essa glândula, o timo, órgão linfático, situa-se na parte anterior da traqueia dos animais novos. O timo de garganta, mais alongado, é menos delicado para a degustação. Os apreciadores procuram a noz ou maçã de coração, de forma mais arredondada.

Há muitos anos, eu me abasteço no estabelecimento de um dos últimos verdadeiros bucheiros da França: Maurice Vadorin. Ele seleciona cuidadosamente para mim peças de 180 gramas de um branco leitoso com brilho nacarado. São de tamanho uniforme, sem nenhum traço de sangue e com a aponeurose (fina membrana fibrosa que envolve a glândula) impecável, sem rupturas. Quanto mais clara a sua cor, melhor ele será. Como todos os miúdos, o timo de vitela deve ser consumido logo. Basta lhe dar uma escaldada para retirar as impurezas, remover a aponeurose com uma faca de ponta e, depois, reservá-lo na geladeira, envolvido num pano de cozinha limpo.

Eu prefiro o timo de vitela bem braseado, para que fique crocante por fora e macio por dentro. Aprendi a prepará-lo com Louis Grondard, quando era seu assistente no Drouant. O segredo reside na combinação do crocante e do cremoso.

Gosto particularmente de associá-lo à trufa ou à castanha. Essa última dá um sabor adocicado e um gosto de avelã que se aliam perfeitamente ao delicado sabor do timo. As castanhas podem ser, por exemplo, cortadas em fatias bem finas, criando pequenas lâminas. Se as dourarmos rapidamente, elas ficarão crocantes, realçando a maciez do timo.

O produto que mais gosto de cozinhar é o mais nobre e o mais fino, o timo de vitela. Acho inconcebível relegá-lo unicamente à cozinha de cervejaria. Os timos de vitela oferecem um imenso leque de possibilidades: é preciso tirar proveito de suas texturas e sabores. Eles são a própria aristocracia entre os miúdos. E, se os miúdos têm um território, é o da urbanidade, da cidade e seus boulevares. Eu venho dessa família! A minha cozinha é a minha cidade, e a minha cidade é Paris. Se Paris perder os seus bucheiros, a minha cozinha também vai perder muito.

torta

David Zuddas
Chef do restaurante DZ'Envies (Dijon)

Às vezes salgada e no mais das vezes doce, ela pontua a nossa vida, os prazeres simples da mesa da família, o compartilhamento, o convívio entre amigos, os reencontros...

As primeiras lembranças culinárias, contato da matéria, aquela sensação indescritível da farinha deslizando entre os dedos, a alegria de fazer... No ritmo das estações, preparada simplesmente com maçãs, frutas cítricas, ruibarbo, damascos ou, ainda, morangos e framboesas, para o prazer daqueles que amamos.

Mais sofisticada, ela poderá encantar o paladar dos gourmets e encontrará o seu lugar nas melhores mesas...

toucinho ou lardo

Jean-Paul Abadie
Chef do restaurante L'Amphitryon (Lorient)

O TOUCINHO NÃO É SOMENTE PORCO

Jean de la Fontaine deu a uma de suas fábulas o título *É melhor comer toucinho do que morrer de fome*. Até meados do século XX, era o que fazia o camponês da Bretanha, da Córsega, do País Basco, da Normandia ou da Gasconha, províncias francesas que se dedicavam largamente à criação do porco, tratado com o respeito devido a um senhor.

A preservação das velhas raças suínas dessas regiões, entre as quais o branco do Oeste, o nustrale corso, o pie-noir basco, o bayeux da Normandia e o porco preto de Bigorre, sem as quais seria impossível haver legítimos presuntos, permite aos consumidores mais exigentes encontrar um toucinho de qualidade.

Muitos garotos da península armoricana, à semelhança dos meninos do Piemonte pirenaico, tiveram uma "enfance de lard". Na Idade Média, a palavra "lard" (lardo ou toucinho, em francês) era escrita com "t" final: "lart".* A arte e a

---

* Aqui o autor faz um jogo de palavras com as expressões *"enfance de lard"* (infância de lardo) e *"l'enfance de l'art"* ("a infância da arte", ou seja, as coisas em seu estado simples, natural, espontâneo), pois na Idade Média *"lard"* se escrevia *"lart"*. Através de *"lart"*, ele relaciona dois fatos: o primeiro que os meninos tiveram uma infância simples, espontânea; o segundo, que na Idade Média a arte do lardo [toucinho] ainda estava em sua infância. (N. T.)

técnica do toucinho exigiam que a gordura fosse bem mais espessa do que a parte magra. Conforme as definições dos primeiros dicionários, toucinho é a gordura localizada entre o couro e a carne dos mamíferos. Foi somente no século XVII que ele se tornou toucinho com o sentido de pedaço de carne rico em gordura. Seu sucesso deve-se principalmente à capacidade de se conservar no sal. Por muito tempo, o toucinho caseiro foi de preferência o toucinho salgado, e, se não fosse o toucinho, simplesmente não haveria bacon, presunto, salame, banha sem sal, xingar basco, aquelas ventrechas de toucinho salgado fritas em frigideira, cargolada catalã, escargots grelhados cujas conchas se regam com toucinho derretido, ou ainda toucinho de Arnad, grande especialidade do Vale do Aosta, cortado em finas fatias e servido com polenta assada.

A carne de porco é amplamente consumida no mundo, apesar dos interditos religiosos do judaísmo e do islamismo. Não é de admirar que o toucinho seja tão difundido na alimentação europeia, asiática (a China produz metade da tonelagem mundial) e norte-americana. Há que admitir que assado, braseado, cozido ou defumado, ele dá mais sabor a diversas receitas nos países temperados com invernos rigorosos: toucinho salgado com lentilhas, batatas com toucinho, toucinho com repolho, ensopado de carne, salada de dente-de-leão com cubinhos de bacon, além daquelas tirinhas de toucinho que faziam o sucesso dos cozidos e assados de nossas avós.

Essa onipresença do toucinho na civilização agrária da Europa, quer se trate de toucinho muito magro, magro, gordo, muito gordo ou em fatias para envolver carnes, tem a ver com a quantidade de expressões populares que a ele se referem: "É toucinho ou carne de porco?", "Voltar ao toucinho!". A fórmula medieval "engraxar a mão de alguém" foi forjada com referência à gordura do toucinho, e a expressão "comer a fatia" subentendia principalmente "uma fatia de toucinho", carne com evidente simbolismo totêmico, que guarda desde sempre, para muitos apreciadores do verdadeiro gosto, um *status* de fina iguaria, de uma gastronomia alheia a modas e épocas.

trufa

Michel Chabran
Chef do restaurante Michel Chabran (Pont-de-l'Isère)

Seria verdade histórica ou lenda? Reunidos no Olimpo para um banquete, os deuses decidiram, um dia, criar um tempero aromático digno de realçar suas preparações de carne. Hefaísto, Dioniso e Afrodite conjugaram seus talentos e poderes para dar vida ao sonho dos deuses, e Zeus, em sua magnanimidade, o doou aos mortais: esse é provavelmente o mais belo relato a respeito da origem da trufa.

AS VARIEDADES, A ESTAÇÃO

Das setenta espécies de trufas recenseadas no mundo, raras são as comestíveis ou dignas de interesse gastronômico.

A *Tuber melanosporum* continua sendo *a* referência gustativa para os apreciadores. A *brumal* se encontra no mesmo registro de qualidade, mas com um pouco menos de elegância. Essas duas variedades também são denominadas (qualquer que seja a sua origem) *trufa negra do Périgord*.

Quanto a essas duas maravilhas, você sabia que dois terços do volume colhido na França são originários do Vale do Ródano e que os volumes colhidos no departamento da Drôme fazem dele o primeiro departamento francês na sua produção?

Geralmente, o período da colheita se situa entre o fim de novembro e o início de março. Entretanto, tive a oportunidade de certos anos, quando a natureza agiu com perfeição, degustar as primeiras no início de novembro. Eram as do meu amigo Alain, trufeiro da planície de Valence. Outro revendedor da Drôme des Collines, o ex-prefeito de Montmiral, M. Jean, um personagem que meu avô Charles Soubeyrand me apresentara, também foi meu fornecedor semanal de trufas.

As primeiras flores primaveris das amendoeiras anunciam o fim da temporada. Então, entre 15 de março e o final de abril, as trufas que não foram colhidas se decompõem e liberam os esporos, dando origem a um emaranhado de filamentos: o micélio cria um caminho em direção das radículas da árvore (carvalhos, avelaneiras, etc.). Esse encontro vai possibilitar a fecundação e o nascimento de uma minúscula trufa vermelha de polpa branca que se desenvolverá até os primeiros dias gélidos do outono.

MINHA VISÃO

Durante meu aprendizado, as preparações com trufa eram feitas o ano todo, e todas as trufas eram esterilizadas. Hoje, só trabalho com trufa fresca e crua, do final de novembro ao início de março. Faço também um óleo de trufa e o uso durante o ano todo.

Minhas experiências me permitem dar alguns conselhos ao leitor.

Uma grande trufa, inteira, preparada como folhado, em caçarola, etc. pode chocar o profano. Então, elaborei diferentes preparações levando em conta os suportes, os produtos que a acompanham e a maneira de cortar a trufa (picada, ralada, cortada em cubos maiores ou menores, em lâminas). Em primeiro lugar, ela pode ser consumida com produtos crus: peixes, mariscos ou carnes, em carpaccio, tartare, etc., ou só aquecida com produtos bem básicos – batata, arroz, massas, legumes, ovos. Pode também acompanhar carnes, aves ou miúdos. Graças à dosagem e a diversos suportes, apresentei a trufa a um grande número de clientes, sobretudo os mais jovens, que serão os nossos clientes de amanhã.

Para permanecer dentro desse espírito, aconselho um vinho Côtes-du-Rhône bem perto de Pont de l'Isère, um crozes-hermitage ou um hermitage branco que acompanha maravilhosamente os pratos com trufa.

tupinambor

Anne-Sophie Pic
Chef da Maison Pic (Valence)

Desde a infância, gosto da sonoridade e do ritmo da palavra, engraçada, poética, que convida a sonhar... eu brincava de pronunciá-la, de repeti-la como uma trova infantil. Evidentemente, não esqueci jamais esse legume, que uso bastante em minha cozinha. Gosto do seu sabor, semelhante ao da alcachofra, mas menos amargo e um pouco mais adocicado, da sua textura, menos fibrosa, da delicadeza do gosto.

Para evitar que se oxide, o tupinambor exige ser mergulhado em água fervente durante 3 minutos, antes de ser cozido em recipiente tampado em um pouco de líquido, por exemplo, num caldo de legumes, até obter uma textura bem macia, como em "meu gratinado de tupinambor à moda da padaria", cuja receita vou fornecer mais adiante.

O tupinambor se presta a numerosas preparações e pode combinar com a trufa, como no clássico "Lebre à la royale, fina mousseline de tupinambor trufado, compota de repolho roxo com amoras-alpinas"; ou com anchovas, alcaparras, azeitonas pretas e limão confitado, como neste "mousseline de tupinambor preparado com azeite de oliva, anchovas, alcaparras, azeitonas pretas e limão confitado" – todos esses são produtos que permitem equilibrar o sabor adocicado do tupinambor. Ele está presente em todas as minhas mesas, simples ou sofisticado, sozinho ou para temperar uma associação forte.

Gratinado de tupinambor boulangère
Serve 4 pessoas

Ingredientes
Para o boulangère:
500 g de tupinambor
10 fatias de toucinho
½ litro de caldo de legumes
100 g de compota de cebola
sal e pimenta-do-reino a gosto

Para a compota de cebola:
3 cebolas brancas
2 dentes de alho com casca
1 ramo de tomilho fresco
1 fiozinho de azeite
30 g de manteiga com sal
50 mL de vinho branco
50 mL de caldo de legumes
sal

Para o caldo de legumes:
2 cenouras
1 cebola

½ alho-poró

1 ramo de salsão

1 cravo-da-índia

5 grãos de coentro

2 litros de água

Modo de preparo

Caldo de legumes:

Descasque os diferentes legumes, lave-os e corte-os em mirepoix grosso. Ponha-os em água fria e adicione os temperos aromáticos.

Leve para ferver e deixe-os cozinhar durante 45 minutos. Coe.

Compota de cebola:

Descasque as cebolas e corte-as em fatias finas com um cortador de legumes.

Numa panela, aqueça o azeite com um pouco de manteiga, acrescente a cebola, o alho, o tomilho e abafe. Deixe cozinhar até que comecem a ficar dourados. Junte o vinho branco e deixe reduzir. Adicione o caldo de legumes e deixe cozinhar até que a cebola fique bem macia. Tire o alho e o tomilho e salgue levemente.

Boulangère:

Descasque os tupinambores e lave-os bem. Corte-os em fatias de 2 milímetros com um cortador de legumes. Forre uma travessa refratária com papel-manteiga e unte-o com

> manteiga. Faça a montagem do boulangère alternando duas camadas de tupinambor, uma camada de compota de cebola e uma de camada de toucinho. Tempere levemente. Repita a operação diversas vezes.
>
> Molhe com o caldo de legumes e deixe cozer no forno a 180 °C, durante cerca de 1 hora, de acordo com a espessura. Deguste assim que retirar do forno.

vinho

Nicolas Masse
Chef do restaurante La Grande Vigne (Bordeaux-Martillac)

Como falar do vinho em poucas linhas quando uma vida inteira não bastaria!

Como defini-lo sem ser terrivelmente simplista? Deveríamos pensar, como Galileu, que "o vinho é a água cheia de sol"? Ou, como Paul Claudel, para quem "o vinho é um professor do gosto, liberador da mente e iluminador da inteligência? Ou render-nos à mesma evidência de Baudelaire, segundo o qual, se o vinho "desaparecesse da produção humana, iria formar-se, na saúde e na inteligência, um vazio, uma ausência ainda mais devastadora do que todos os excessos que lhe imputam"?

O vinho é um reino de incrível riqueza. Longe de ser singular, ele se afirma múltiplo, generoso, feliz. Quanto prazer há em compartilhar um vinho branco floral sob uma pérgola, um tinto suave e capitoso com um prato de inverno, um rosé gelado embalado pelo cantar das cigarras, ou uma taça de tinto entre amigos numa mesa de bar!

O vinho exprime um terroir e revela um *savoir-faire* humano incomparável. Não conhece regra alguma. Desdenha todos os preconceitos. Sabiamente encerrado e protegido numa garrafa, inspira o respeito e ensina a paciência. Porque um vinho evolui, dá ou retoma, desabrocha ou se fecha, expressa-se claramente ou se torna misterioso, cintila, titila, surpreende, seduz, mas jamais se revela ao bebedor apressado ou desdenhoso.

E como evocar o vinho sem invocar a mesa? As harmonizações entre manjares e vinhos oferecem combinações infinitas e mágicas. Mas qual dos dois, o vinho ou o prato, sublima o outro? A questão continua em aberto e o debate, sem fim...

O vinho é onipresente na minha cozinha, pois acompanha cada um dos meus pratos ou intervém em certos momentos da sua elaboração.

Tenho a sorte de trabalhar num lugar único e excepcional, onde tudo está impregnado de história e de respeito ao vinho. Como cozinheiro, minha atitude no momento da criação de um prato geralmente é idêntica à formação de um grande vinho: em primeiro lugar, as raízes do produto, a sua evolução natural; depois, a confecção do prato, em que o nosso papel é sublimá-lo a fim de oferecer a emoção proporcionada pela magia dos sabores que nos levam a viajar.

lista dos colaboradores

- » Jean-Paul ABADIE, chef do restaurante L'Amphitryon (Lorient)
- » Yannick ALLÉNO, chef do restaurante Le Meurice (Paris)
- » Armand ARNAL, chef do restaurante La Chassagnette (Arles)
- » Jean-Marie BAUDIC, chef do restaurante Youpala Bistrot (Saint-Brieuc)
- » Alain BAUER, gastrônomo
- » Claude BÉBÉAR, gastrônomo
- » Cédric BÉCHADE, chef do restaurante L'Auberge Basque (Helbarron/Saint-Pee)
- » Olivier BELLIN, chef do restaurante L'Auberge des Glazicks (Plomodiern)
- » Fabrice BIASOLO, chef do restaurante Une Auberge en Gascogne (Astaffort)
- » Davide BISETTO, chef do restaurante Casadelmar (Porto-Vecchio)
- » Georges BLANC, chef do restaurante Georges Blanc (Vonnas)
- » Paul BOCUSE, chef de L'Auberge du Pont de Collonges (Collonges au Mont d'Or)
- » Michel BRAS, chef do restaurante Bras Laguiole (Laguiole)
- » Eric BRIFFARD, chef do restaurante Le V (Paris)
- » Yves CAMDEBORDE, chef do restaurante Le Comptoir du Relais (Paris)
- » Boris CAMPANELLA, chef do restaurante Le 59 (Aix-les-Bains)

- » Franck CERUTTI, chef do restaurante Le Louis XV (Mônaco)
- » Michel CHABRAN, chef do restaurante Michel Chabran (Pont de l'Isère)
- » Marc de CHAMPÉRARD, presidente do Guide Champérard (Suresnes)
- » Madame CHAPEL, diretora da Maison Chapel (Mionnay)
- » Jacques CHIBOIS, chef do restaurante La Bastide Saint-Antoine (Grasse)
- » Gilles CHOUKROUM, chef do restaurante MBC (Paris)
- » Bruno CIRINO, chef do restaurante L'Hostellerie Jérôme (La Turbie)
- » Antony CLÉMOT, chef do restaurante Drouant (Paris)
- » Mauro COLAGRECO, chef do restaurante Le Mirazur (Menton)
- » Claude COLLIOT, chef do restaurante Claude Colliot (Paris)
- » Christian CONSTANT, chef do restaurante Le Violon d'Ingres (Paris)
- » Jean COUSSAU, chef do restaurante Le Relais de la Poste (Magescq)
- » Christopher COUTANCEAU, chef do restaurante Richard et Christopher Coutanceau (La Rochelle)
- » Hélène DARROZE, chef do restaurante Hélène Darroze (Paris)
- » Guillaume DELAGE, chef do restaurante Jadis (Paris)
- » François DELAHAYE, diretor do Hotel Plaza Athénée (Paris)
- » Yannick DELPECH, chef do restaurante L'Amphitryon (Colomiers)
- » Cédric DENAUX, chef do restaurante L et Lui (Saint-Paul-Trois-Chateaux)
- » Alain DUCASSE, chef e presidente da Alain Ducasse Entreprise

- » Stéphane DOCHIRON, chef do restaurante Les Fougères (Paris)
- » Julien DOMAS, chef do restaurante Rech (Paris)
- » Alain DOTOURNIER, chef do restaurante Le Carré des Feuillants (Paris)
- » Didier ELENA, chef do restaurante Adour Alain Ducasse at the St Regis (Nova York)
- » Pascal FERAUD, chef do restaurante Le Jules Verne (Paris)
- » Éric FRECHON, chef do restaurante Le Bristol (Paris)
- » Francois GAGNAIRE, chef do hotel e restaurante Francois Gagnaire (Le Puy-en-Velay)
- » Pierre GAGNAIRE, chef do restaurante Pierre Gagnaire (Paris)
- » Alexandre GAUTHIER, chef da pousada La Grenouillere (Montreuil-sur-mer)
- » Philippe GAUVREAU, chef do restaurante Le Pavillon de la Rotonde (Lyon)
- » Gilles GOUJON, chef do restaurante L'Auberge do Vieux Puits (Fontjoncouse)
- » Éric GUÉRIN, chef do restaurante La Mare aux Oiseaux (Saint Joachim)
- » Marc HAEBERLIN, chef do restaurante L'Auberge de l'Ill (Illhaeusern)
- » Karim HAÏDAR, chef do restaurante La branche d'olivier (Paris)
- » Fatéma HAL, chef do restaurante La Mansouria (Paris)
- » Philippe HARDY, chef do restaurante Le Mascaret (Blainville-sur-mer)
- » Antoine HEERAH, chef do restaurante Le Chamarré Montmartre (Paris)
- » Wilfrid HOCQUET, chef do restaurante Benoit (Paris)

- » Xavier ISABAL, chef no hotel Ithurria (Aïnhoa)
- » Arnaud LALLEMENT, chef do restaurante L'Assiette Champenoise (Tinqueux)
- » Nicolas LE BEC, chef do restaurante Nicolas Le Bec (Lyon)
- » Jacques LE DIVELLEC, chef do restaurante Le Divellec (Paris)
- » Christian LE SQUER, chef do restaurante Le Pavillon Ledoyen (Paris)
- » William LEDEUIL, chef do restaurante Ze Kitchen Galerie (Paris)
- » Lionel LÉVY, chef do restaurante Um e Table, Au Sud (Marselha)
- » Dominique LOISEAU, proprietária do Grupo Bernard Loiseau (Saulieu)
- » Édouard LOUBET, chef do restaurante do Domaine de Capelongue (Bonnieux-en-Provence)
- » Régis MARCON, chef do restaurante Régis & Jacques Marcon (Saint-Bonnet-le-Froid)
- » Gérard MARGEON, diretor da sommellerie Alain Ducasse Entreprise
- » Thierry MARX, chef executivo do hotel Mandarin Oriental (Paris)
- » Nicolas MASSE, chef do restaurante La Grand'Vigne (Bordeaux-Martillac)
- » Jacques MAXIMIN, chef do restaurante Le Bistro de La Marine (Cagnes-sur-Mer)
- » Christophe MORET, chef do restaurante Lasserre (Paris)
- » Massimo MORI, chef dos restaurantes Mori Venice Bar e Armani Caffé (Paris)
- » Jean-Louis NOMICOS, chef do restaurante Jean-Louis Nomicos (Paris)
- » Bruno OGER, chef do restaurante La Villa des Lys (Mougins)

- » Bernard PACAUD, chef do restaurante L'Ambroisie (Paris)
- » Alain PASSARD, chef do restaurante L'Arpège (Paris)
- » Gérald PASSÉDAT, chef do restaurante Le Petit Nice Passédat (Marselha)
- » Alain PEGOURET, chef do restaurante Laurent (Paris)
- » Laurent PETIT, chef do restaurante Le Clos des Sens (Annecy-le-Vieux)
- » Anne-Sophie PIC, chef da Maison Pic (Valence)
- » Jean-François PIÈGE, chef do restaurante Thoumieux (Paris)
- » Laurent PLANTIER, diretor-geral da Alain Ducasse Entreprise
- » Jacques e Laurent POURCEL, chefs do restaurante Le Jardin des Sens (Montpellier)
- » David RATHGEBER, chef do restaurante L'Assiette (Paris)
- » Emmanuel RENAUT, chef do restaurante Flocons de Sel (Megève)
- » Joël ROBUCHON, chef do restaurante L'Atelier (Paris)
- » Olivier ROELLINGER, chef do restaurante Les Maisons de Bricourt (Cancale)
- » Michel ROTH, chef do restaurante Le Ritz (Paris)
- » Laurence SALOMON, chef do restaurante Nature & Saveur (Annecy)
- » Reine SAMMUT, chef do restaurante Auberge La Fenière (Lourmarin)
- » Guy SAVOY, chef do restaurante Guy Savoy (Paris)
- » Thierry SCHWARTZ, chef do restaurante Le Bistro des Saveurs (Obernai)
- » Frédéric SIMONIN, chef do restaurante Frédéric Simonin (Paris)

- » Alain SOULIAC, chef do restaurante La Bastide de Moustiers (Moustiers-Sainte-Marie)
- » Yves THURIÈS, presidente dos chocolates Yves Thuriès (Marssac)
- » Jacques THOREL, chef do restaurante L'Auberge Bretonne (La Roche-Bernard)
- » Benjamin TOURSEL, chef bretão
- » Michel TRAMA, chef do restaurante Trama (Puymirol)
- » Michel TROISGROS, chef do restaurante La Maison Troisgros (Roanne)
- » David VAN LAER, chef
- » Antoine WESTERMANN, chef do restaurante Drouant (Paris)
- » Benoît WITZ, chef do restaurante L'Abbaye de La Celle (La Celle-en-Provence)
- » David ZUDDAS, chef do restaurante DZ'Envies (Dijon)